たったの72パターンでこんなに話せるスペイン語会話

CD BOOK

欧米・アジア語学センター
フリオ・ルイス・ルイス

明日香出版社

はじめに

¡ Hola！（こんにちは！）

「スペイン語の日常会話をもっと気軽に勉強したい」
「旅行でスペイン語を使えるようになりたい」
本書は、そんなスペイン語初級者を対象にしています。

本書の特長は、フレーズを丸暗記するのではなく、タイトルの通り**「パターン」（文型）で練習することによって、単語を入れ替えるだけで会話のバリエーションを広げることができ、より理解が深まります。**

この『72パターン』シリーズの筆頭である『CD BOOK たったの72パターンでこんなに話せる英会話』はロングセラーとして、英語学習者の皆さんに愛されています。このシリーズでは、どの言語でも難所とされる文法の説明を最小限にとどめてあり、よく使うパターンを集中的に練習できるため、学習効率がよいと好評です。

「ParteⅠ これだけは!! 絶対覚えたい重要パターン21」では、はじめに基本パターン（主に肯定文）を学び、「応用」で否定パターンと疑問パターンを練習することで、文法も合わせて身につく構成になっています。

「ParteⅡ 使える！ 頻出パターン51」では、さらに会話の幅を広げるための、日常的な表現をバラエティ豊かに盛り込みました。

どの言語にも言えることですが、細かい文法にとらわれず、とにかく口に出して話してみることが上達への近道です。
　特にスペイン語は、スペルを見たとおりにそのまま読むだけで通じやすい言葉です。反対に聞いた言葉をそのまま聞いたとおりに書き出

すことも可能です。日本語のローマ字に近い感覚で、日本人にとって理解しやすい言葉だと思います。

　はじめは活用を覚えるのに少し根気が必要かもしれませんが、否定文、疑問文など、基本的な文法はとてもシンプルな構造です。

　スペインには歴史があり、食文化や観光が豊富で、海外旅行の渡航先として人気がある国です。スペイン語は、英語や中国語に次いで話者が多い言語とされています。ご存知の通り、アメリカ大陸ではスペイン語が使われている国や地域が多くあります。

　また、スペイン語を習得することで、ヨーロッパ近隣諸国の言語を理解しやすくなるというメリットもあります。スペイン語は話せると楽しい言語なのです。

　本書はフレーズをCDに収めていますので、まずは本文を見ながらどんどんCDを聴いて、スペイン語の発音やリズムに親しんでください。そして、実際にネイティブとの会話に挑戦するなど、スペイン語を楽しんでくださいね！

2013年2月
フリオ・ルイス・ルイス
（Julio Ruiz Ruiz）

◆CDの使い方◆

CDには、各フレーズが日本語→スペイン語の順に収録されています。スペイン語が実際にどのように話されているかを確認しながら聴いてください。
次に、発音やリズムをまねて、実際に言ってみましょう。
慣れてきたら、日本語の後に自分でスペイン語を言ってみましょう。

Índice

スペイン語・基本の基本!…8

これだけは!!

Parte **I**

絶対覚えたい重要パターン21

1 これは〜です／Esto es 〜 …26
2 私は〜です／Yo soy 〜 …30
3 〜します／Yo＋動詞（直説法現在）…34
4 〜しています／Yo estoy＋動詞（現在分詞）…38
5 〜すると思います／Yo＋動詞（直説法未来）…42
6 〜するつもりです／Yo voy a 〜 …46
7 〜しました／Yo＋動詞（直説法点過去）…50
8 〜したことがあります／Yo he＋動詞（過去分詞）…54
9 （もう）〜しました／(ya) he 〜 …58
10 〜できます①／sé 〜 …62
11 〜できます②／puedo 〜 …66
12 〜しなければなりません／tengo que 〜 …70
13 〜したいです／quiero 〜 …74
14 〜してほしいです／quiero que 〜 …78
15 〜がいます／あります①／場所＋hay＋名詞 …84
16 〜がいます／あります②／主語＋estar動詞＋場所 …88
17 〜は誰?／¿ Quién es 〜 ? …92
18 〜はいつ?／¿ Cuándo es 〜 ? …96
19 〜はどこ?／¿ Dónde está 〜 ? …100
20 どうして〜?／¿ Por qué 〜 ? …104
21 〜はどう?／¿ Cómo 〜 ? …108

Parte II

使える！頻出パターン51

22	〜が好きです／Me gusta 〜	…114
23	〜をいただきたいのですが／Querría 〜	…116
24	〜しよう／Vamos a 〜	…118
25	〜だと思うよ①／pienso que 〜	…120
26	〜だと思うよ②／creo que 〜	…122
27	〜だと思うよ③／Me parece 〜	…124
28	〜だといいな／espero que 〜	…126
29	前は〜だったよ／antes (solía) 〜	…128
30	〜させて／Déjame 〜	…130
31	〜をありがとう／Gracias por 〜	…132
32	〜してごめんね／Lo siento por 〜	…134
33	〜じゃない?／¿ No es 〜 ?	…136
34	〜わけではない／No es que 〜	…138
35	そんなに〜じゃないよ／No es tan 〜	…140
36	〜すぎるよ／demasiado 〜	…142
37	〜はずです／debe (de) 〜	…144
38	〜するはずでした／debía (de) 〜	…146
39	〜かもしれない①／Puede que 〜	…148
40	〜かもしれない②／Quizá(s) 〜	…150
41	〜すべきだよ／deberías 〜	…152
42	いくら〜しても／Por mucho que 〜	…154
43	〜のはずがない／No es posible que 〜	…156

44	～に違いない／Seguro que ～	…158
45	～してください／Por favor＋動詞（命令形）	…160
46	～しないで／No＋動詞（命令形）	…162
47	～してもいい?①／¿ Te importa si ～ ?	…164
48	～してもいい?②／¿ Te importaría si ～ ?	…166
49	～していただけませんか?／¿ Podría ～ ?	…168
50	～が必要です／necesito ～	…170
51	どんな～?／¿ Qué tipo de ～ ?	…172
52	よく～するの?／¿ ～ a menudo ?	…174
53	～そうだね①／Parece ～	…176
54	～そうだね②／Parece que ～	…178
55	～によるよ／depende de ～	…180
56	～ってこと?／¿ Quieres decir que ～ ?	…182
57	～に似ている／Se parece a ～	…184
58	～頑張って!／¡ Buena suerte con ～ !	…186
59	～おめでとう!／¡ Enhorabuena por ～ !	…188
60	何時に～?／¿ A qué hora ～ ?	…190
61	～するようにしているよ／intento ～	…194
62	～を楽しみにしているよ／estoy deseando ～	…196
63	～で困っているの／tengo problemas（con）～	…198
64	～なので…だ／Como ～,…	…200
65	～だから①／Porque ～	…202
66	～だから②／por eso ～	…204
67	～のとき／Cuando ～	…206
68	～だって／He oído que ～	…208
69	もし～なら／Si ～	…210
70	～が痛い／Me duele ～	…212
71	…の方が～だ／動詞＋más＋形容詞／副詞＋que	…214
72	…は最も～だ／動詞＋定冠詞＋比較級	…216

カバーデザイン：渡邊民人(TYPE FACE)
カバーイラスト：草田みかん
本文デザイン　：TYPE FACE
本文イラスト　：qanki

◎ スペイン語・基本の基本！ ◎

1. 名詞と冠詞
(1) 名詞
　スペイン語の名詞には男性名詞と女性名詞があります。

　名詞の性は語尾によって区別され、『-o』で終わる語の大半は男性名詞、『-a』で終わる語の大半は女性名詞です。

　語尾が『-o』,『-a』以外の母音、子音の場合は、それぞれに性が決められているので覚える必要があります。『-d, -ión, -umbr, -ie』で終わる語には女性名詞が多く、『-ista』で終わる語などは男女同形です。

　人や動物に関する名詞では、自然の性と文法の性が一致し、『-o』で終わる男性名詞は、語尾を『-a』にするだけで女性名詞となります。

●基本の複数形の作り方
Ⓐアクセントのない母音と『-é』で終わる語には、『s』をつけます。
　例：niño(-a) → niños(-as)(子供)、abogado(-a) → abogados(-as)(弁護士)、libro → libros(本)、puerta → puertas(ドア)、pagaré → pagarés（手形）

Ⓑアクセントのある母音（éを除く）や子音で終わる語には、『es』をつけます。語尾がzの場合は、zを『c』に変えて『es』をつけます。
　例：papel → papeles(紙)、bambú → bambúes(竹)、lápiz → lápices(鉛筆)、voz → voces(声)、juez → jueces(裁判官)

Ⓒs（-as, -es, -is, -os, -us）で終わる語と、最後の母音にアクセントのない語は、単複同形です。
　例：crisis → crisis(危機)、paraguas → paraguas(傘)、oasis → oasis（オアシス）

Ⓓ語尾の違いによる性別がなく、複数形は語尾に『s』をつけるだけのもの
　例：pianista → pianista**s**（ピアニスト）、periodista → periodista**s**（ジャーナリスト）

(2) 冠詞

　名詞の前には冠詞がつきます。名詞が男性形か女性形か、さらに単数か複数かによって、つける冠詞は異なります。

　冠詞には、定冠詞と不定冠詞があります。定冠詞は、特定された名詞や、抽象的・総称的な名詞などに用いられます。不定冠詞は、不特定の数えられる名詞に用いられ、「ひとつの〜」、「ある〜」などの意味になります。

　その他に、定冠詞には、形容詞や過去分詞の前に置かれて抽象的な概念を名詞化する中性形（〜であること／もの）がありますが、これは単数扱いです。

	不定冠詞（＝a, an［英］)		定冠詞（＝the［英］)	
	単数	複数	単数	複数
中性			**lo** bello （美しいもの）	
男性	**un** libro （1冊の本）	**unos** libros （何冊かの本）	**el** libro （特定された1冊の本）	**los** libros （特定された何冊かの本）
女性	**una** oficinista （1人のOL）	**unas** oficinistas （何人かのOL）	**la** casa （特定された1軒の家）	**las** casas （特定された何軒かの家）

●無冠詞となる場合

Ⓐ数えられる名詞が複数で不特定のとき
　例：comprar libros（本を買う）
Ⓑ数えられない名詞が不特定のとき
　例：hay agua（水がある）、beber vino（ワインを飲む）
Ⓒ限定形容詞（指示・所有形容詞や数詞）のついた名詞
　例：este libro（この本）、mi mesa（私の机）、dos noches（2泊）

●スペイン語の数字

0〜15

0	セロ cero	4	クワトロ cuatro	8	オチョ ocho	12	ドセ doce
1	ウノ uno	5	シンコ cinco	9	ヌエベ nueve	13	トレセ trece
2	ドス dos	6	セイス seis	10	ディエス diez	14	カトルセ catorce
3	トレス tres	7	シエテ siete	11	オンセ once	15	キンセ quince

例：

ドス リブロス
dos libros（2冊の本）
トレス ノーチェス
tres noches（3泊）
クワトロ オフィシニスタス
cuatro oficinistas（4人の事務員）
シンコ インビタードス
cinco invitados（5人の客）
セイス プラトス
seis platos（6枚の皿）
シエテ エストレージャス
siete estrellas（7つの星）
オチョ ボテージャス
ocho botellas（8本の瓶）

ヌエベ コピアス
nueve copias（9部のコピー）
ディエス レロヘス
diez relojes（10台の時計）
オンセ カソス
once casos（11件）
ドセ フガドーレス
doce jugadores（12人の選手）
トレセ アビタシオネス
trece habitaciones（13の部屋）
カトルセ カハス
catorce cajas（14個の箱）
キンセ ベンターナス
quince ventanas（15の窓）

16〜19

ディエス die**z**（10）	**y**（接続詞：〜と）	seis（6） siete（7）	ocho（8） nueve（9）
ディエシ die**ci**			

ディエシシエテ
例：17＝diecisiete

20〜29

ベインテ veint**e**（20）	**y**	uno（1） dos（2） tres（3）	cuatro（4） cinco（5） seis（6）	siete（7） ocho（8） nueve（9）
ベインティ veint**i**				

ベインティシエテ
例：27＝veintisiete

30〜99

		y	uno (1)　seis (6)
トレインタ treinta (30) クアレンタ cuarenta (40) シンクエンタ cincuenta (50) セセンタ sesenta (60)	セテンタ setenta (70) オチェンタ ochenta (80) ノベンタ noventa (90)	y	uno (1)　seis (6) dos (2)　siete (7) tres (3)　ocho (8) cuatro (4)　nueve (9) cinco (5)

注意：31 以上は 10 の位と 1 の位の間に y を必ず入れる

100〜999

100の位			10の位以下 (1〜30)
シエント ciento (100) ドスシエントス doscientos (as) (200) トレスシエントス trescientos (as) (300)	クアトロシエントス cuatrocientos (as) (400) キニエントス quinientos (as) (500) セイスシエントス seiscientos (as) (600)	セテシエントス setecientos (as) (700) オチョシエントス ochocientos (as) (800) ノベシエントス novecientos (as) (900)	uno(1)　veintinueve(29) dos(2) 〜 tres(3)　treinta(30)
			10の位以下 (31〜99)
			treinta(30) ｜ y ｜ uno(1) 〜　　　　　　　　〜 noventa(90) ｜ 　 ｜ nueve(9)

例：ciento nueve（109）／ciento diecinueve（119）／
　　ciento noventa y nueve（199）

〈注意〉

①20 以上の 1 で終わる数字（21／31／101／141／361 など）は、数字に続く名詞の性によって変化し、男性名詞のときには uno の o がとれて『-un』、女性名詞のときには『-una』となります。ただし、具体的な量だけが示される場合には、uno のままです。
なお「〜11」で終わる場合は『〜 once』のまま、語尾は変わりません。

例：¿Cuántos automóviles hay？（車が何台ありますか？）
　　→ Hay veintiún automóviles.（車が 21 台あります）
　　→ Hay veintiuno.（21 台あります）

男性名詞	女性名詞
treinta y **un** años （31年間） cincuenta y **un** años （51歳） seiscientos cincuenta y **un** yenes （651円）	sesenta y **una** monedas （61枚のコイン） ciento **una** horas （101時間） doscientas **once** horas （211時間）

②200〜900までは、語尾を『-os』から『**-as**』に変えれば女性形になります。

2. 形容詞

(1) 基本形

　形容詞は基本的に名詞の後ろについて、色・国籍・形態など、人や物の性状を説明します。名詞の数と性に応じて語尾変化します。

●色

| ブランコ
blanco(a)（白い）
ネグロ
negro(a)（黒い） | アスル
azul（青い）
ロホ
rojo(a)（赤い） | ロサ
rosa（ピンク色の）
ベルデ
verde（緑色の） | アマリージョ
amarillo(a)（黄色の）
マロン
marron（茶色の） |

una camiseta **blanca**（1枚の白いTシャツ）

un vestido **blanco**（1着の白いドレス）

unas camisetas **blancas**（何枚かの白いTシャツ）

una puerta **negra**（1つの黒いドア）

un bolso **negro**（1つの黒いバッグ）

un jersey **rosa**（1枚のピンクのセーター）

una falda **rosa**（1枚のピンクのスカート）

●国籍

名詞	形容詞	名詞	形容詞
España (スペイン)	español(la)	México (メキシコ)	mexicano(na)
Portugal (ポルトガル)	portugués(guesa)	Brasil (ブラジル)	brasileño(ña)
Inglaterra (イギリス)	inglés(lesa)	Cuba (キューバ)	cubano(na)
Francia (フランス)	francés(cesa)	Perú (ペルー)	peruano(na)
Italia (イタリア)	italiano(na)	Japón (日本)	japonés(nesa)
Estados Unidos (アメリカ)	norteamericano(na) / estadounidense	China (中国)	chino(na)
Canadá (カナダ)	canadiense	Corea (韓国・朝鮮)	coreano(na)

una chica **canadiense**（1人のカナダ人の少女）

un músico **brasileño**（1人のブラジル人の音楽家）

un pasaporte **japonés**（1枚の日本の旅券）

unas profesoras **españolas**（何人かのスペイン人の女性教師）

●形態

grande（大きい）　　　　　　pequeño(ña)（小さい）
lejano(na)（遠い）　　　　　cercano(na)（近い）
amplio(a)（広い）　　　　　　estrecho(a)（狭い）
pesado(da)（重い）　　　　　ligero(ra)（軽い）
oscuro(ra)（色が濃い）　　　claro(ra)（色が薄い）

unas puertas **grandes**（いくつかの大きいドア）
un niño **grande**（1人の大きい男の子）
una niña **pequeña**（1人の小さい女の子）
unos platos **pequeños**（何枚かの小さい皿）

(2) 所有形容詞

所有形容詞は、「私の」「君の」のような所有を表す形容詞です。
所有形容詞は必ず名詞の前につき、名詞の性や数によって変化します。

	単数		複数	
	男性	女性	男性	女性
ジョ Yo（私）	ミ mi		ミス mis	
トゥ Tú（君）	トゥ tu		トゥス tus	
エル　エジャ　ウステー Él / Ella / Usted 彼／彼女／あなた	ス su		スス sus	
ノソトロス　　ノソトラス Nosotros / Nosotras 私たち／私たち(全員女性)	ヌエストロ nuestro	ヌエストラ nuestra	ヌエストロス nuestros	ヌエストラス nuestras
ボソトロス　　ボソトラス Vosotros / Vosotras 君たち／君たち(全員女性)	ブエストロ vuestro	ブエストラ vuestra	ブエストロス vuestros	ブエストラス vuestras
エジョス　エジャス　ウステデス Ellos / Ellas / Ustedes 彼ら／彼女たち／あなたたち	ス su		スス sus	

3. 動詞

スペイン語の動詞は、英語とは異なり、主語の人称、数、法、時制によって規則・不規則的に変化します。

動詞は、『**-ar**』『**-er**』『**-ir**』のいずれかの語尾を持っています。これが動詞の**原形**と呼ばれるもので、主語の**人称**、**数**（単数、複数）、**法**（直説法、接続法、命令法）、**時制**（現在、点過去、線過去、未来、過去未来など）によって活用し語尾が変化します。

●動詞の活用語尾

動詞の不定詞の語尾(-ar, -er, -ir)を除いた部分を**語幹**といいます。語幹にそれぞれの人称で決まっている活用語尾をつければ、主語が省略されていても人称を表すことができます。

動詞の活用は、**直説法**(現在、点過去、線過去、未来、過去未来)、**命令法**、**接続法**(現在、過去)の3つの法があり、それぞれの時制で異なります。なお、現在分詞(動作の進行を表す)と過去分詞(動作の完了を表す)は主語による変化がありません。

●規則動詞

スペイン語の動詞は、人称によって語尾が変わります。動詞の原形とは、主語(人称・数・時制など)が定まっていない動詞で、不定詞とも呼ばれます。辞書には原形で書かれています。すべての動詞の語尾は『-ar』『-er』『-ir』のいずれかになっています。なお、動詞を活用するとその語尾は主語と時制で変わります。不規則動詞の場合はさらに変わることがあります。

規則動詞の活用 直説法現在		hablar (ar動詞)		comer (er動詞)		vivir (ir動詞)	
		habl-	語尾	com-	語尾	viv-	語尾
一人称	単数	hablo	-o	como	-o	vivo	-o
二人称		hablas	-as	comes	-es	vives	-es
三人称		habla	-a	come	-e	vive	-e
一人称	複数	hablamos	-amos	comemos	-emos	vivimos	-imos
二人称		habláis	-áis	coméis	-éis	vivís	-ís
三人称		hablan	-an	comen	-en	viven	-en

●不規則動詞（直説法現在）

①語幹の母音が変化する動詞（e-ie型、o-ue型、e-i型）

　一人称複数と二人称複数には母音の変化なし

querer（e→ie型） （〜がほしい）	単数	複数
一人称	quiero	queremos
二人称	quieres	queréis
三人称	quiere	quieren

poder（o→ue型） （〜できる）	単数	複数
一人称	puedo	podemos
二人称	puedes	podéis
三人称	puede	pueden

pedir（e→i型） （〜を頼む）	単数	複数
一人称	pido	pedimos
二人称	pides	pedís
三人称	pide	piden

②一人称単数が不規則な動詞（-go, -zcoに変化）

hacer（〜をする）	単数	複数
一人称	hago	hacemos
二人称	haces	hacéis
三人称	hace	hacen

agradecer（感謝する）	単数	複数
一人称	agradezco	agradecemos
二人称	agradeces	agradecéis
三人称	agradece	agradecen

③全く不規則な動詞

ir（行く）	単数	複数
一人称	voy	vamos
二人称	vas	vais
三人称	va	van

ser（〜である）	単数	複数
一人称	soy	somos
二人称	eres	sois
三人称	es	son

estar（〜にある／いる）	単数	複数
一人称	estoy	estamos
二人称	estás	estáis
三人称	está	están

haber（〜がある）	単数	複数
一人称	he	hemos
二人称	has	habéis
三人称	ha / hay	han

●ser 動詞と estar 動詞

　ser 動詞と estar 動詞はどちらも英語の be 動詞に相当するものですが、どんな場合にどちらを使うのか、使い分けの必要があります。

① ser 動詞
　・主語 +ser+ 補語（「〜が起こる、〜がある、〜が行われる」を表す）
　・主語 +ser+ 名詞（国籍、身分、職業などを表す）
　・主語 +ser+ 形容詞（主語の性質や性格を表す）
　・主語 +ser+ 前置詞 de+ 固有名詞（出身、材料、所有などを表す）

② estar 動詞
・主語 +estar（主語の所在「〜にある，いる」を表す）
・主語 +estar+ 形容詞（主語の状態，様子を表す）

●haber 動詞と estar 動詞

　haber 動詞と estar 動詞は、日本語の「ある」「いる」に相当しますが、その用法は異なります。存在の有無や、不特定の人や物の存在を示す場合には、haber の三人称単数 hay、既知・特定の人や物の所在を示すときには estar 動詞が使われます。

4. 文の種類
●平叙文

　基本の文は、「主語 + 動詞」の形をとります。人称代名詞の場合、動詞の活用形で主語が特定できるため、usted, ustedes の場合を除き、主語はしばしば省略されます。

●否定文

　否定文は、肯定文の動詞の前に『no』をつけて作ります。
例：Yo voy al supermercado.（私はスーパーへ行く）
　　Yo **no** voy al supermercado.（私はスーパーへ行かない）

●疑問文

　疑問文は、通常は主語と動詞を倒置して「動詞 + 主語」の形にし、文頭と文末に疑問符『¿ ?』をつけます。会話ではイントネーションを上げて読みます。疑問代名詞が用いられる場合には、動詞の前にきます。

¿ Vas (tú) al supermercado ?（君はスーパーへ行くの？）
　　動詞（主語）　　　　　目的語

¿Sabe ella tu nombre? (彼女は君の名前を知っているの?)
　　動詞　　主語　　目的語

¿Quién vive allí? (あそこに誰が住んでいるの?)
　疑問代名詞 動詞 目的語

疑問代名詞一覧

¿Quién ～? (誰が～?)

¿Qué ～? (何が～?/何を～?/何の～?/どの～?)

¿Cuál ～? (どれ?/どの～?)

¿Cuánto ～? (いくら?)

¿Cómo ～? (どのように～?/何と～?)

¿Dónde ～? (どこ?)

¿Cuándo ～? (いつ?)

---

5. 法と時制

　スペイン語には、直説法、接続法、命令法という3つの法があり、直説法には、現在、点過去、線過去、未来、過去未来、現在完了、過去完了、直前過去、未来完了、過去未来完了、接続法には現在、過去、未来、現在完了、過去完了、未来完了などの時制があります。

(1) 直説法

　直説法は、現実のことを事実として述べるために用いられます。

●直説法点過去　規則変化

		-ar型	-er型 / -ir型
一人称	単数	-é	-í
二人称		-aste	-iste
三人称		-ó	-ió
一人称	複数	-amos*	-imos*
二人称		-asteis	-isteis
三人称		-aron	-ieron

* 一人称複数は現在形と同じ

●直説法線過去　規則変化

		-ar型	-er型 / -ir型
一人称	単数	-aba	-ía
二人称		-abas	-ías
三人称		-aba	-ía
一人称	複数	-ábamos	-íamos
二人称		-abais	-íais
三人称		-aban	-ían

●直説法未来　規則変化

動詞の原形に -é, -ás, -á, -emos, -éis, -án を加えます。-ar動詞、-er動詞、-ir動詞すべてに共通の活用語尾です。

	単数	複数
一人称	-é	-emos
二人称	-ás	-éis
三人称	-á	-án

● 直説法過去未来　規則変化

　動詞の原形に -ía, -ías, -ía, -íamos, -íais, -ían を加えます。-ar 動詞、-er 動詞、-ir 動詞すべてに共通の活用語尾です。

　過去における推測や可能性、話者の想像や推量を表すために用いられる時制です。婉曲的な表現にも使われます。

	単数	複数
一人称	-ía	-íamos
二人称	-ías	-íais
三人称	-ía	-ían

● その他の直説法の時制

直説法現在完了	haber の直説法現在 + 過去分詞
直説法過去完了	haber の直説法線過去 + 過去分詞
直説法直前過去	haber の直説法点過去 + 過去分詞
直説法未来完了	haber の直説法未来 + 過去分詞
直説法過去未来完了	haber の直説法過去未来 + 過去分詞

(2) 接続法

　接続法は、事実かどうかわからない事柄（疑わしい事柄、仮定、願望、可能性）などを表すために用いられます。基本的に従属文の中で用いられます。

● 接続法現在　規則変化

		-ar型	-er型 / -ir型
一人称	単数	-e	-a
二人称		-es	-as
三人称		-e	-a
一人称	複数	-emos	-amos
二人称		-éis	-áis
三人称		-en	-an

●接続法過去（不規則変化なし）

直説法点過去の三人称複数形の -ron を取って、次の語尾をつけます。

<table>
<tr><th colspan="2"></th><th colspan="2">-ar型 / -er型 / -ir型</th></tr>
<tr><th colspan="2"></th><th>-ra形</th><th>-se形</th></tr>
<tr><td>一人称</td><td rowspan="3">単数</td><td>-ra</td><td>-se</td></tr>
<tr><td>二人称</td><td>-ras</td><td>-ses</td></tr>
<tr><td>三人称</td><td>-ra</td><td>-se</td></tr>
<tr><td>一人称</td><td rowspan="3">複数</td><td>-ramos</td><td>-semos</td></tr>
<tr><td>二人称</td><td>-rais</td><td>-seis</td></tr>
<tr><td>三人称</td><td>-ran</td><td>-sen</td></tr>
</table>

●その他の接続法の時制

接続法現在完了　　　haber の接続法現在 + 過去分詞
接続法過去完了　　　haber の接続法過去 + 過去分詞

(3) 命令法

　命令法は、二人称の肯定命令「～しなさい」に使われます。
　単数 tu の命令形は、直説法現在三人称単数と同じで、二人称複数 vosotros（as）では、動詞の原形の語尾 r を d に置き換えた形になります。三人称 usted / ustedes に「～してください」と頼むときには、接続法現在形が使われます。

●命令法（二人称）　規則変化

	-ar型	-er型	-ir型
tú	-a	-e	-e
vosotros(as)	-ad	-ed	-id

●命令法（二人称） 不規則変化例

不規則変化する命令形としては、poner, tener, hacer などがあり、それぞれ pon, ten, haz となります。

(4) 現在分詞・過去分詞

	-ar型	-er型 / -ir型
規則動詞の現在分詞	-ando	-iendo
規則動詞の過去分詞	-ado	-ido

現在進行形　estar 動詞 + 現在分詞
現在完了形　haber 動詞 + 過去分詞

6. 人称代名詞

人称（主語）		所有代名詞 （～の）	直接目的 人称代名詞 （～を）	間接目的 人称代名詞 （～に）	再帰代名詞* （～自身）
一人称	単数	mío / -a(s)	me	me	me
二人称		tuyo / -a(s)	te	te	te
三人称		suyo / -a(s)	lo / la	le*	se
一人称	複数	nuestro / -a(s)	nos	nos	nos
二人称		vuestro / -a(s)	os	os	os
三人称		suyo / -a(s)	los / las	les*	se

* 間接目的人称代名詞『le』と『les』は、直接目的人称代名詞『lo, la, los, las』の前で『se』になります。
* 再帰代名詞は、英語の myself, ourselves などにあたる「～自身」を表す代名詞です。

7. 前置詞

●主な前置詞

*a 〜（〜に／〜へ)　　　　　　por 〜（〜によって）
*de 〜（〜の）　　　　　　　　desde 〜（〜から）
con 〜（〜とともに／〜と一緒に）　ante 〜（〜の前に）
en 〜（〜で／〜に）　　　　　　bajo 〜（〜の下に）

* 前置詞『a』『de』に定冠詞『el』が続くと、『al』『del』となります。

8. 月と曜日

エネロ
enero（1月）

フェブレロ
febrero（2月）

マルソ
marzo（3月）

アブリル
abril（4月）

マージョ
mayo（5月）

フーニオ
junio（6月）

フーリオ
julio（7月）

アゴスト
agosto（8月）

セプティエンブレ
septiembre（9月）

オクトゥーブレ
octubre（10月）

ノビィエンブレ
noviembre（11月）

ディシエンブレ
diciembre（12月）

ルネス
lunes（月曜日）

マルテス
martes（火曜日）

ミエルコレス
miércoles（水曜日）

フエベス
jueves（木曜日）

ビエルネス
viernes（金曜日）

サバド
sábado（土曜日）

ドミンゴ
domingo（日曜日）

Parte I

これだけは!!
絶対覚えたい
重要パターン 21

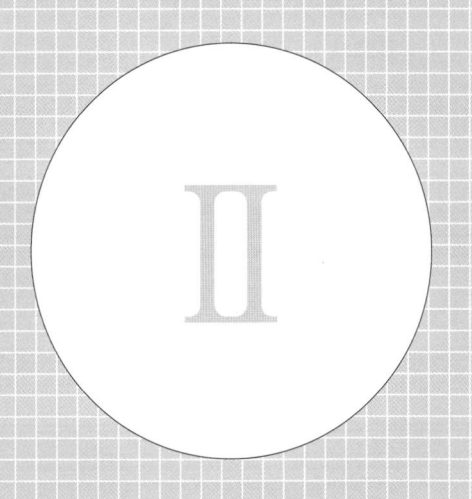

II

1 これは〜です

Esto es 〜

基本フレーズ

エステ エス ミ コレオ エレクトローニコ
Este es mi correo electrónico.
これが私のEメールアドレスです。

こんなときに使おう！
Eメールアドレスを教えるときに…

『Esto es 〜』は、「これは（が）〜です」という表現です。「〜」には名詞または形容詞がきます。複数の場合は末尾に『s』をつけます。「これら」は『estos』です。

● 基本パターン ●

主語 (Este) ＋ ser動詞 (es) ＋ 名詞／形容詞 (mi correo electrónico) .

指示代名詞変化表（単数／複数）				
	これ／これら	それ／それら	あれ／あれら
中性	esto	eso	aquello
男性	este / estos	ese / esos	aquel / aquellos
女性	esta / estas	esa / esas	aquella / aquellas

複数の場合、ser動詞も複数形『son』にしなければなりません。
例：Estos son mis amigos.（これらは私の友達です）
現行の正書法では、指示代名詞にアクセント記号はつけなくていいことになっています。
ただし、指示形容詞と混同されるおそれのある場合には、区別するために男性形と女性形にアクセント記号をつけることがあります。中性形にはアクセント記号がつきません。

基本パターンで言ってみよう!

Esto es mío.
エスト エス ミーオ

これは私のものです。

Esta es mi tarjeta.
エスタ エス ミ タルヘタ

これは私の名刺です。

Este es mi número de teléfono.
エステ エス ミ ヌーメロ デ テレーフォノ

これは私の電話番号です。

Este es mi novio.
エステ エス ミ ノービオ

こちらは私のボーイフレンドです。

Esos son mis libros.
エソス ソン ミス リーブロス

それらは私の本（複数）です。

> **ワンポイント** 『son』はser動詞の直説法三人称複数。『mi（私の）』も複数に変わります。

I これだけは!! 絶対覚えたい重要パターン21

応 用

●否定パターン●

ser動詞の前に否定詞の『no』をつけるだけ！

主語 + no + ser動詞 + 名詞／形容詞 .

エステ ノ エス ミ コレオ エレクトローニコ
Este no es mi correo electrónico.

（これは私のEメールアドレスではありません）

●疑問パターン●

主語とser動詞を逆にするだけ！

¿ ser動詞 + 主語 + 名詞／形容詞 ?

エス エステ ス コレオ エレクトローニコ
¿ **Es este** su correo electrónico ?

（これはあなたのEメールアドレスですか？）

答え方

Sí, es el mío.（はい、私のものです）

No, no es el mío.（いいえ、私のものではありません）

簡単な答え方

ser動詞『es』に合わせる簡単な答え方。

Sí, lo es.（はい、そうです）

No, no lo es.（いいえ、そうではありません）

これは〜です／Esto es 〜

応用パターンで言ってみよう!

Esto no es mío.
（エスト ノ エス ミーオ）

これは私のじゃないよ。

¡ **Esto no es** tuyo !
（エスト ノ エス トゥージョ）

これは君のじゃないよ！

¿ **Es esto** tuyo ?
（エス エスト トゥージョ）

これは君の？

¿ **Es esto** amor ?
（エス エスト アモール）

これは恋かしら？

> ワンポイント　スペイン語の感嘆符と疑問符は文頭・文末の両方につきます。

¿ **Qué es esto** ?
（ケ エス エスト）

これは何ですか？

> ワンポイント　『¿ Qué 〜 ?』は「〜は何ですか？」と尋ねる疑問詞です。『Esto(s) / Eso(s) / Aquello(s) 〜（これ／それ／あれは〜です）』で答えます。

これも知っておこう!

『¿ Cuál 〜 ?（〜はどれ［どちら］ですか？）』の質問には『Este / Estos / Esta / Estas / Ese / Esos / Esa / Esas / Aquel / Aquellos / Aquella / Aquellas』で答えます。

例：¿ Cuál es tu bicicleta ?（君の自転車はどれですか？）
　　Esta es la mía.（私のはこれです）

2 私は〜です

Yo soy 〜

基本フレーズ ♪

Yo soy japonesa / japonés.
（ジョ ソイ ハポネサ ハポネス）

私は日本人（女性／男性）です。

こんなときに使おう！

国籍を聞かれたときに…

●基本パターン●

主語 ＋ ser動詞 ＋ 名詞／形容詞 .

ser動詞の活用

	直説法現在
Yo （私）	soy
Tú （君）	eres
Él / Ella / Usted 彼／彼女／あなた	es
Nosotros / Nosotras 私たち／私たち（全員女性）	somos
Vosotros / Vosotras 君たち／君たち（全員女性）	sois
Ellos / Ellas / Ustedes 彼ら／彼女たち（全員女性）／あなたたち	son

主語が物事であるとき、ser動詞は『es』（単数）か『son』（複数）を使います。

例：El problema es difícil.（問題［単数］は難しいです）

　　Los días son largos.（日［複数］が長いです）

基本パターンで言ってみよう!

ジョ ソイ エストゥディアンテ
Yo soy estudiante.

私は学生です。

> **ワンポイント** 自己紹介のときに必ず使う基本フレーズです。

ソイ オフィシニスタ
Soy oficinista.

私は事務職員です。

> **ワンポイント** 主語は動詞の活用で分かるので、省略することができます。

ノソトロス ソモス アミーゴス
Nosotros somos amigos.

私たちは友人です。

エル エス セーリオ
Él es serio.

彼は真面目です。

> **ワンポイント** 彼女の場合は『Ella es seria.』。

エジャ エス デ オオサカ
Ella es de Osaka.

彼女は大阪の人です。

> **ワンポイント** 『de〜』は「〜の」を表す前置詞です。

エジョス ソン ミス パードレス
Ellos son mis padres.

彼らは私の両親です。

ミ スエーニョ エス ドミナール エル エスパニョール
Mi sueño es dominar el español.

私の夢はスペイン語をマスターすることです。

> **ワンポイント** 『dominar』修得する／精通する

応　用

●否定パターン●

ser動詞の前に否定詞の『no』をつけるだけ！

主語 ＋ **no** ＋ ser動詞 ＋ 名詞／形容詞．

<ruby>ジョ</ruby> <ruby>ノ</ruby> <ruby>ソイ</ruby> <ruby>エストゥディアンテ</ruby>
Yo no soy estudiante.

（私は学生ではありません）

<ruby>エル</ruby> <ruby>ノ</ruby> <ruby>エス</ruby> <ruby>ミ</ruby> <ruby>ファボリート</ruby>
El no es mi favorito.

（彼は私のお気に入りではありません）

●疑問パターン●

主語とser動詞を逆にするだけ！　疑問代名詞を使う場合は文頭に置きます。

¿ **疑問代名詞** ＋ ser動詞 ＋ 主語 ＋ 名詞／形容詞 ?

<ruby>エス</ruby> <ruby>ウステー</ruby> <ruby>エル</ruby> <ruby>レスポンサーブレ</ruby>
¿ **Es usted** el responsable ?

（あなたは責任者ですか？）

答え方

Sí, lo soy.（はい、私です）

No, no lo soy.（いいえ、私ではありません）

私は〜です／Yo soy 〜

😀 応用パターンで言ってみよう!

Mi aficón no es escuchar música.
ミ アフィシオン ノ エス エスクチャール ムシカ

私の趣味は音楽を聴くことではありません。

Su especialidad no es economía.
ス エスペシアリダー ノ エス エコノミーア

彼の専門は経済ではありません。

Hoy no es mi cumpleaños.
オイ ノ エス ミ クンプレアーニョス

今日は私の誕生日ではありません。

Él no es mi marido.
エル ノ エス ミ マリード

彼は私の夫ではありません。

¿ De dónde es usted ?
デ ドンデ エス ウステー

ご出身はどちらですか？

> ワンポイント 『¿ De dónde ?』は「どこから？／どこの？」を尋ねる疑問詞です。

¿ Qué día es hoy ?
ケ ディア エス オイ

今日は何日ですか。

> ワンポイント 『¿ Qué día ?』は「何日？」を尋ねる疑問詞です。

答え方 Hoy es domingo 24 de abril.
オイ エス ドミンゴ ベインティクアトロ デ アブリル

（今日は4月24日日曜日です）

3　～します

Yo ＋ 動詞（直説法現在）

基本フレーズ

ジョ エストゥーディオ エスパニョール
Yo estudio español.
私はスペイン語を勉強します。

こんなときに使おう！
「何を勉強しますか？」と聞かれて…

『主語 ＋ 動詞（直説法現在）』は、「主語は～します」という表現です。

スペイン語の動詞は『-ar』『-er』『-ir』のいずれかの語尾を持ち、それぞれar動詞、er動詞、ir動詞と呼ばれます。これら動詞の原形は主語に応じて変化します。

基本パターン

主語（Yo） ＋ 動詞（estudio） ＋ 目的語（español）．

規則動詞
直説法現在の活用

	ar動詞 estudiar（勉強する）	er動詞 comer（食べる）	ir動詞 vivir（住む／生きる）
Yo（私）	estudio	como	vivo
Tú（君）	estudias	comes	vives
Él / Ella / Usted 彼／彼女／あなた	estudia	come	vive
Nosotros / Nosotras 私たち／私たち（全員女性）	estudiamos	comemos	vivimos
Vosotros / Vosotras 君たち／君たち（全員女性）	estudiáis	coméis	vivís
Ellos / Ellas / Ustedes 彼ら／彼女たち／あなたたち	estudian	comen	viven

基本パターンで言ってみよう!

Yo vivo en Tokyo.
（ジョ ビボ エン トウキョウ）

私は東京に住んでいます。

Mi padre bebe vino.
（ミ パードレ ベベ ビノ）

父はワインを飲みます。

> ワンポイント 『beber』飲む

Ellos viven con sus padres.
（エジョス ビベン コン スス パードレス）

彼らは（彼らの）両親と一緒に住んでいます。

> ワンポイント 『con～』は「～とともに／～と一緒に」を表す前置詞です（＝ with［英］）。

Ellos trabajan en una oficina.
（エジョス トラバハン エン ウナ オフィシーナ）

彼らはある事務所で働いています。

> ワンポイント 『trabajar』働く

Tú andas muy rápido.
（トゥ アンダス ムイ ラピド）

君はとても速く歩く。

> ワンポイント 『andar』歩く

Yo escribo una carta.
（ジョ エスクリーボ ウナ カルタ）

私は手紙を（1通）書きます。

> ワンポイント 『escribir』書く。会話では動詞の形で主語がわかるため、特にYo, Tú, Nosotros, Vosotrosなどが省略されます。

Él cocina muy bien.
（エル コシーナ ムイ ビエン）

彼はとてもうまく料理する。

> ワンポイント 『cocinar』料理する／調理する。

I これだけは!! 絶対覚えたい重要パターン21

応用

●否定パターン●

動詞の前に否定詞の『no』をつけるだけ！

主語 ＋ **no** ＋ 動詞．

Yo no bebo alcohol.（私はお酒を飲みません）
ジョ ノ ベボ アルコール

●疑問パターン●

主語と動詞を逆にするだけ！ 疑問代名詞を使う場合は文頭に置きます。

¿ 疑問代名詞 ＋ 動詞 ＋ 主語 ＋ 目的語 ?

¿ Fuma él ?（彼はタバコを吸いますか？）
フマ エル

ワンポイント 『fumar』タバコを吸う

答え方 Sí, él fuma.（はい、彼はタバコを吸います）
No, él no fuma.（いいえ、彼はタバコを吸いません）

¿ Fumas ?（[君は] タバコを吸うの？）
フマス

答え方 Sí, fumo.（はい、タバコを吸います）
No, no fumo.（いいえ、タバコを吸いません）

¿ Dónde vives tú ? / ¿ Dónde vive usted ?
ドンデ ビベス トゥ　　ドンデ ビベ ウステー

（どこに住んでいるの？／どちらに住んでいらっしゃいますか？）

ワンポイント 疑問代名詞の前に前置詞がくる場合があります。『¿ En dónde 〜 ?（どこに／どこで）』『¿ De quién 〜 ?（誰の）』『¿ A quién 〜?（誰に）』『¿ Para qué〜 ?（何のため）』

~します／Yo＋動詞（直説法現在）

答え方　(Yo) vivo en ～（～［場所］に住んでいます）

ワンポイント　『en』は場所を表す前置詞。

応用パターンで言ってみよう!

エジャ　ノ　ビエネ
Ella no viene.

彼女は来ないよ。

ワンポイント　『viene』は『venir（来る）』の直説法現在三人称単数（不規則動詞）。

ジョ　ノ　ラ　コノースコ
Yo no la conozco.

彼女のことは知らないよ。

ワンポイント　『conozco』は『conocer（知る／知り合う／知っている）』の直説法現在一人称単数（不規則動詞）。『lo（彼を）』と『la（彼女を）』は直接目的語です。

エジャ　ノ　エストゥーディア　ハポネス　エン　ラ　ウニベルシダー
Ella no estudia japonés en la universidad.

彼女は大学で日本語を勉強しません。

エン　ドンデ　エストゥーディアス　エスパニョール
¿ En dónde estudias español ?

（君は）どこでスペイン語を勉強しているの？

ビベン　エジャス　エン　イングラテラ
¿ Viven ellas en Inglaterra ?

彼女らはイギリスに住んでいますか？

ビエネ　ウステー　コン　ノソトロス
¿ Viene usted con nosotros ?

あなたは私たちと一緒に来ますか？

4 〜しています

Yo estoy ＋ 動詞(現在分詞)

基本 フレーズ

ジョ　エストイ　コミエンド
Yo estoy comiendo.
ご飯を食べているよ。

こんなときに使おう！
「何をしているの？」と聞かれて…

『 主語 ＋estar動詞＋ 動詞(現在分詞) 』は、動作が進行中を表す表現です（＝be動詞＋動詞ing［英］）。

estar動詞は「〜しています」以外の表現で使うこともあります。
『主語＋estar動詞＋場所』〜にある／〜にいる
『主語＋estar動詞＋形容詞／過去分詞』現在の状態や状況など

●基本パターン●

主語 ＋ estar動詞 ＋ 動詞(現在分詞) ．

estar動詞の活用

	直説法現在
Yo (私)	estoy
Tú (君)	estás
Él / Ella / Usted 彼／彼女／あなた	está
Nosotros / Nosotras 私たち／私たち（全員女性）	estamos
Vosotros / Vosotras 君たち／君たち（全員女性）	estáis
Ellos / Ellas / Ustedes 彼ら／彼女たち／あなたたち	están

-ar動詞＝-ando
hablar → hablando
estudiar → estudiando

-er / -ir動詞＝-iendo
comer → comiendo
vivir → viviendo

不規則動詞
salir → saliendo
escribir → escribiendo

不規則動詞は、『dormir（眠る）』→『durmiendo』、『pedir（頼む）』→『pidiendo』のように、さらに変化します。

基本パターンで言ってみよう!

Él está bebiendo zumo de naranja.
（エル エスター ベビエンド スモ デ ナランハ）

彼はオレンジジュースを飲んでいます。

> ワンポイント 『zumo（ジュース）』を中南米のスペイン語では『jugo（フゴ）』と言うことがあります。

Ella está hablando por teléfono.
（エジャ エスター アブランド ポル テレーフォノ）

彼女は（今）電話中です。

Estoy en casa.
（エストイ エン カサ）

私は（今）家にいます。

Ellas están aquí.
（エジャス エスタン アキー）

彼女たちがここにいます。

> ワンポイント 『aquí』ここに、『ahí』そこに、『allí』あそこに

El Museo del Prado está en Madrid.
（エル ムセオ デル プラード エスター エン マドリー）

プラド美術館はマドリードにあります。

Estoy muy cansada.
（エストイ ムイ カンサーダ）

私（女性）はとても疲れています。

> ワンポイント 『muy』とても、『estar cansado(a)』疲れている

La tienda está cerrada.
（ラ ティエンダ エスター セラーダ）

店は閉まっています。

> ワンポイント 『estar cerrado』閉まっている

Ⅰ これだけは!! 絶対覚えたい重要パターン21

応 用

●否定パターン●

estar動詞の前に否定詞の『no』をつけるだけ！

主語 ＋ no ＋ estar動詞 ＋ 動詞(現在分詞) ．

Yo no estoy comiendo.
ジョ ノ エストイ コミエンド

（私は［今］食べていません）

●疑問パターン●

主語とestar動詞を逆にするだけ！　疑問代名詞を使う場合は文頭に置きます。

¿ 疑問代名詞 ＋ estar動詞 ＋ 主語 ＋ 動詞(現在分詞) ＋ 目的語 ？

エスタス ビエンド ラ ペリークラ
¿ Estás viendo la película ?

（君は映画を観ているの？）

ワンポイント 『ver（見る）』の現在分詞は『viendo』。

答え方

Sí , la estoy viendo.（はい、今映画を観ています）

No , no la estoy viendo.（いいえ、今映画を観ていません）

『la』は直接目的語の代名詞（＝it［英］）。『la película』を表しています。

応用パターンで言ってみよう!

エル ノ エスター コミエンド ムーチョ
Él no está comiendo mucho.

彼はあまり食べていません。

ノソトラス ノ エスタモス エスクチャンド ムシカ
Nosotras no estamos escuchando música.

私たち（全員女性）は音楽を聴いていません。

> ワンポイント 『escuchar』聴く、『música』音楽

ドンデ エスタン ウステデス コミエンド
¿ Dónde están ustedes comiendo ?

あなた方はどこで召し上がっていますか？

ケ エスター ウステー ベビエンド
¿ Qué está usted bebiendo ?

何を飲んでいらっしゃいますか？

コン キエン エスタース アブランド
¿ Con quién estás hablando ?

誰と話しているの？

エン ケ イディオマ エスター エスクリート エステ リーブロ
¿ En qué idioma está escrito este libro ?

この本は何語で書いてありますか？

> ワンポイント 『escrito』は『escribir（書く）』の過去分詞（不規則動詞）。

エスタイス サリエンド フントス
¿ Estáis saliendo juntos ?

（君たちは）付き合っているの？

> ワンポイント 『salir con』『salir juntos』〜と付き合う

5 ～すると思います

Yo ＋ 動詞（直説法未来）

基本フレーズ

Yo estaré en casa mañana.
ジョ エスタレー エン カサ マニャーナ

私は明日は自宅にいると思うよ。

こんなときに使おう！
「明日どこへ行くの？」と聞かれて…

『 主語 ＋ 動詞（直説法未来） 』は、「～すると思います」と未来の計画や予定を表す表現です（＝ will / shall ［英］）。

基本パターン

主語 ＋ 動詞（直説法未来） ＋ 目的語 ＋ 時間詞 ．

規則動詞
直説法未来の活用

	ar動詞 estudiar（勉強する）	er動詞 comer（食べる）	ir動詞 vivir（住む／生きる）
Yo（私）	estudiaré	comeré	viviré
Tú（君）	estudiarás	comerás	vivirás
Él / Ella / Usted 彼／彼女／あなた	estudiará	comerá	vivirá
Nosotros / Nosotras 私たち／私たち（全員女性）	estudiaremos	comeremos	viviremos
Vosotros / Vosotras 君たち／君たち（全員女性）	estudiaréis	comeréis	viviréis
Ellos / Ellas / Ustedes 彼ら／彼女たち／あなたたち	estudiarán	comerán	vivirán

基本パターンで言ってみよう!

マニャーナ　イレーア　バルセローナ
Mañana iré a Barcelona.

明日、バルセロナに行きます。

> ワンポイント 『iré』は不規則動詞『ir（行く）』の直説法未来一人称単数。

エジャ　ボルベラー　パサード　マニャーナ
Ella volverá pasado mañana.

彼はあさって帰ります。

> ワンポイント 『volver（帰る）』は不規則動詞ですが、-er動詞の未来形の変化をします。

ジョ　メ　カサレー　エル　メス　プロッキシモ
Yo me casaré el mes próximo.

来月結婚します。

> ワンポイント 『casar-se』は『casar動詞＋-se再帰代名詞』で「結婚する」の意味になります。動詞だけではなく、代名詞も主語によってme, te, se, nos, os, seと変わります。代名詞は動詞の前に置きます。

ノス　グラドゥアレモス　エル　アーニョ　ケ　ビエネ
Nos graduaremos el año que viene.

来年私たちは卒業します。

> ワンポイント 『el año que viene』来年

ラ　セマーナ　ケ　ビエネ　デスカンサレー
La semana que viene descansaré.

来週、私は休みます。

> ワンポイント 『desacansar』休む

エスタ　ノーチェ　コメレー　ペスカード
Esta noche comeré pescado.

今夜（私は）魚を食べます。

> ワンポイント 『esta noche』今夜、『esta tarde』今日の午後、『esta mañana』今朝

応用

●否定パターン●

動詞（直説法未来）の前に否定詞の『no』をつけるだけ！

主語 ＋ no ＋ 動詞（直説法未来）．

Yo no estaré en casa mañana.
ジョ ノ エスタレー エン カサ マニャーナ
（明日、自宅にいません）

●疑問パターン●

主語と動詞（直説法未来）を逆にするだけ。

¿ 動詞（直説法未来） ＋ 主語 ＋ 目的語 ?

¿ Estará en su casa usted mañana ?
エスタラー エン ス カサ ウステー マニャーナ
（明日はお宅にいらっしゃいますか？）

ワンポイント 『su casa』あなたの家

簡単な答え方

Sí.（はい）

No.（いいえ）

完全な答え方

Sí, estaré.（はい、います）

No, no estaré.（いいえ、いません）

~すると思います／Yo＋動詞（直説法未来）

応用パターンで言ってみよう！

マニャーナ ノ アラー ブエン ティエンポ
Mañana no hará buen tiempo.

明日はいい天気にならないよ。

> ワンポイント　『hacer（する）』は不規則動詞。未来形の活用：『Yo haré』『Tú harás』『Él hará』『Nosotros(as) haremos』『Vosotros(as) haréis』『Ellos(as)/ Ustedes harán』

ヌンカ テ オルビダレー
Nunca te olvidaré.

君を絶対忘れないよ。

> ワンポイント　『nunca』一度もない／絶対ない（＝never［英］）。

サルドラス マス タルデ
¿ Saldrás más tarde ?

後で出かけるの？

> ワンポイント　『salir（出かける）』は不規則動詞。未来形の活用：『Yo saldré』『Tú saldrás』『Él saldrá』『Nosotros(as) saldremos』『Vosotros(as) saldréis』『Ellos(as)/ Ustedes saldrán』．

ノ ベンドラス マニャーナ
¿ No vendrás mañana ?

明日（君は）来ない？

> ワンポイント　『venir（来る）』は不規則動詞。未来形の活用：『Yo vendré』『Tú vendrás』『Él vendrá』『Nosotros(as) vendremos』『Vosotros(as) vendréis』『Ellos(as)/ Ustedes vendrán』

ドンデ イラス ラ セマーナ ケ ビエネ
¿ Dónde irás la semana que viene ?

来週どこへ行くの？

6 ～するつもりです

Yo voy a ～

基本フレーズ

ジョ ボイ ア コンプラール ウン オルデナドール ヌエボ
Yo voy a comprar un ordenador nuevo.
新しいパソコンを買うつもりです。

こんなときに使おう！
「なにか予定がある？」と聞かれて…

『 主語 ＋ir動詞＋a＋ 動詞の原形 』は、「 主語 は～するつもりです」という表現で、予定や計画を伝えるときに使います。

●基本パターン●

主語 ＋ ir動詞 ＋ a ＋ 動詞の原形 ．

ir動詞の活用

	直説法現在
Yo（私）	voy
Tú（君）	vas
Él / Ella / Usted 彼／彼女／あなた	va
Nosotros / Nosotras 私たち／私たち（全員女性）	vamos
Vosotros / Vosotras 君たち／君たち（全員女性）	vais
Ellos / Ellas / Ustedes 彼ら／彼女たち（全員女性）／あなたたち	van

ir動詞は「行く」の意味で、「～しに行く」「～に行ってくる」を表します。
例：Voy a ver a una amiga.（友達に会いに行ってくる）
　　Mañana voy a ver a una amiga.（明日友達に会う予定です）

基本パターンで言ってみよう!

Yo voy a ir a China la semana próxima.
（ジョ ボイ ア アイールア チーナ ラ セマーナ プロッキシマ）

来週、中国に行くつもりだよ。

> **ワンポイント** 固有名詞（国、人の名前など）は大文字で始まります。

Yo voy a hacer el examen.
（ジョ ボイ ア アセール エル エクサメン）

試験を受けるつもりだよ。

> **ワンポイント** 『examen』試験

Yo voy a casarme el año que viene.
（ジョ ボイ ア カサールメ エルアーニョ ケ ビエネ）

来年、結婚するつもりだよ。

Él va a estudiar alemán.
（エル バ ア エストゥディアール アレマン）

彼はドイツ語を勉強するつもりだよ。

> **ワンポイント** 『estudiar』勉強する

Nosotros vamos a volver en agosto.
（ノソトロス バモス ア ボルベール エン アゴスト）

私たちは8月に戻るつもりだよ。

Yo voy a dejar el trabajo.
（ジョ ボイ ア デハール エル トラバホ）

私は仕事を辞めるつもりだよ。

> **ワンポイント** 『dejar』辞める

I これだけは!! 絶対覚えたい重要パターン21

応用

●否定パターン●

ir動詞の前に否定詞の『no』をつけるだけ！

主語 + **no** + **ir動詞** + **a** + **動詞の原形** .

Yo no voy a casarme contigo.
ジョ ノ ボイ ア カサールメ コンティーゴ

（私は君と結婚しないつもりだよ）

ワンポイント 『contigo』君と一緒に

●疑問パターン●

主語とir動詞を逆にするだけ！

¿ **ir動詞** + **主語** + **a** + **動詞の原形** ?

または

¿ **ir動詞** + **a** + **動詞の原形** + **主語** ?

¿ Vas tú a comprar este libro ?
バス トゥ ア コンプラール エステ リーブロ

（君はこの本を買う［つもりな］の？）

ワンポイント 『comprar』買う

答え方

Sí, voy a comprarlo. （はい、買うつもりです）

No, no voy a comprarlo. （いいえ、買わないつもりです）

～するつもりです／Yo voy a ～

応用パターンで言ってみよう!

No vamos a tener hijos.
ノ　バモス　ア　テネール　イホス

私たちは子供を産まないつもりです。

> ワンポイント 『tener』持つ／いる／ある（＝have［英］）。

Ellos no van a volver hasta mañana.
エジョス　ノ　バン　ア　ボルベール　アスタ　マニャーナ

彼らは明日までに帰らないつもりだ。

¿ No vas a beber ?
ノ　バス　ア　ベベール

（君は）飲まないつもりなの？

¿ No vas a disculparte ?
ノ　バス　ア　ディスクルパールテ

（君は）謝らないつもり？

> ワンポイント 『disculpar-se』謝罪する／言い訳をする

¿ Qué vais a hacer vosotros en vacaciones ?
ケ　バイス　ア　アセール　ボソトロス　エン　バカシオネス

君たちは休暇に何をするつもり？

> ワンポイント 『vacaciones』休暇／休み

¿ Vamos a comer algo ?
バモス　ア　コメール　アルゴ

何かを食べに行きましょうか？

> ワンポイント 『algo』何か

7 ～しました

Yo ＋ 動詞（直説法点過去）

基本フレーズ

アジェール フイ アル シネ
Ayer fui al cine.
昨日、映画館に行きました。

こんなときに使おう！
「昨日、何をしたの？」と聞かれて…

スペイン語には「点過去」「線過去」、2つの過去形があります。「過去に起こった完了してできごとや行為」などを表す場合には点過去、「過去における習慣的な行動、過去の状態や状況」などを表現する場合には線過去が使われます。

●基本パターン●

主語 ＋ 動詞（直説法点過去） ＋ 目的語 ．

規則動詞
直説法点過去の活用

	ar動詞 estudiar（勉強する）	er動詞 comer（食べる）	ir動詞 vivir（住む／生きる）
Yo（私）	estudié	comí	viví
Tú（君）	estudiaste	comiste	viviste
Él / Ella / Usted 彼／彼女／あなた	estudió	comió	vivió
Nosotros / Nosotras 私たち／私たち（全員女性）	estudiamos	comimos	vivimos
Vosotros / Vosotras 君たち／君たち（全員女性）	estudiasteis	comisteis	vivisteis
Ellos / Ellas / Ustedes 彼ら／彼女たち／あなたたち	estudiaron	comieron	vivieron

基本パターンで言ってみよう!

アジェール エストゥディエー トレス オラス
Ayer estudié tres horas.

昨日（私は）3時間勉強しました。

> ワンポイント 『ayer』昨日

デヘー エル トラバホ エル メス パサード
Dejé el trabajo el mes pasado.

（私は）先月仕事を辞めました。

アジェール コミー アロス
Ayer comí arroz.

昨日お米を食べました。

> ワンポイント 『arroz』米

エジャ メ ディホ ス ノンブレ
Ella me dijo su nombre.

彼女は名前を言いました。

> ワンポイント 『decir（言う）』は不規則動詞。点過去の活用：『Yo dije』『Tú dijiste』『Él dijo』『Nosotros(as) dijimos』『Vosotros(as) dijisteis』『Ellos(as) / Ustedes dijeron』

エジョス セ カサロン エルアーニョ パサード
Ellos se casaron el año pasado.

彼らは去年結婚しました。

エンコントレー トラバホ ラ セマーナ パサーダ
Encontré trabajo la semana pasada.

先週仕事が見つかりました。

> ワンポイント 『la semana pasada』先週

応 用

●否定パターン●

動詞（直説法点過去）の前に否定詞の『no』をつけるだけ！

主語 ＋ no ＋ 動詞（直説法点過去） ＋ 目的語．

アジェール ノ エストゥディエー
Ayer no estudié.（昨日［私は］勉強しませんでした）

●疑問パターン●

主語と動詞（直説法点過去）を逆にするだけ！

¿ 動詞（直説法点過去） ＋ 主語 ＋ 目的語 ?

コンプラステ　　アルゴ
¿ Compraste algo ?（［君は］何かを買ったの？）

答え方

Sí.（はい）

No, no compré nada.（いいえ、何も買わなかったよ）

⚠ これも知っておこう！ ── 点過去と線過去の使い分け

Cuando iba a la escuela.（学校へ行っていたとき）
→学生のころ＝線過去

Cuando fui a la escuela.（学校へ行ったとき）
→一度のできごと＝点過去

~しました／Yo＋動詞（直説法点過去）

😊 応用パターンで言ってみよう！

アノーチェ ノ コミー ナダ
Anoche no comí nada.

昨晩（私は）何も食べなかった。

> ワンポイント 『anoche』昨晩

エジョス ノ ディヘロン ラ ベルダー
Ellos no dijeron la verdad.

彼らは本当のことを言わなかった。

ア ドンデ フイステ アジェール
¿ A dónde fuiste ayer ?

昨日（君は）どこへ行ったの？

> ワンポイント 『ir（行く）』は不規則動詞。点過去の活用：『Yo fui』『Tú fuiste』『Él fue』『Nosotros(as) fuimos』『Vosotros(as) fuisteis』『Ellos(as)／Ustedes fueron』

メ ジャマステ アジェール
¿ Me llamaste ayer ?

（君は）昨日私に電話したの？

> ワンポイント 『llamar』呼ぶ／電話をかける

ビステイス ラ ペリークラ
¿ Visteis la película ?

（君たちは）映画を観たの？

> ワンポイント 『ver』見る

ラ コノシステ クアンド エスタバス エン ラ ウニベルシダー
¿ La conociste cuando estabas en la universidad ?

（君は）彼女と大学のころに知り合ったの？

> ワンポイント 「大学に通学していた」を『estar（いる）』の線過去で表しています。

8 ～したことがあります

Yo he ＋ 動詞（過去分詞）

基本フレーズ

Yo he estado en Barcelona.
（ジョ エ エスタード エン バルセローナ）
私はバルセロナに行った（いた）ことがあります。

こんなときに使おう！
「スペインのどこに行った（いた）の？」と聞かれて…

　スペイン語では、（場所に）行ったことがあるかを尋ねるとき、『ir（行く）』よりも『estar（いる／滞在する）』を使います。「行く」は出発から到着までの動作のみを表します。滞在が含まれる場合は『estar』のほうが自然です（＝have＋過去分詞［英］）。

基本パターン

主語 ＋ haber動詞 ＋ 動詞（過去分詞） ＋ 目的語など．

haber動詞の活用

Yo (私)	he
Tú (君)	has
Él / Ella / Usted 彼／彼女／あなた	ha
Nosotros / Nosotras 私たち／私たち（全員女性）	hemos
Vosotros / Vosotras 君たち／君たち（全員女性）	habéis
Ellos / Ellas / Ustedes 彼ら／彼女たち／あなたたち	han

直説法現在完了

-ar動詞＝-ado
hablar → hablado
estudiar → estudiado

-er / -ir動詞＝-ido
comer → comido
vivir → vivido

不規則動詞
salir → salido
escribir → escrito

基本パターンで言ってみよう!

Yo he estado allí.
ジョ エ エスタード アジー

あそこに行ったことがあるよ。

Yo he estudiado español.
ジョ エ エストゥディアード エスパニョール

スペイン語を勉強したことがあるよ。

Yo la he conocido en persona.
ジョ ラ エ コノシード エン ペルソーナ

本人(彼女)に会ったことがあるよ。

> ワンポイント 『en persona』直接に/自分で/本人が

Yo he visto esta película tres veces.
ジョ エ ビスト エスタ ペリークラ トレス ベセス

私はこの映画を3回観たことがあります。

> ワンポイント 『una vez』1回、『〜veces』〜回

Ella ha visitado Kyoto.
エジャ ア ビシタード キョウト

彼女は京都を訪問したことがある。

> ワンポイント 『visitar』訪問する

Ellos han vivido en Londres.
エジョス アン ビビード エン ロンドレス

彼らはロンドンに住んだことがある。

Ella ha vivido sola.
エジャ ア ビビード ソラ

彼女は1人で暮らしたことがある。

> ワンポイント 『vivir』生きる/生活する/暮らす/住む/体験する

I これだけは!! 絶対覚えたい重要パターン21

応 用

●否定パターン●

haber動詞の前に否定詞の『no』をつけるだけ！

主語 ＋ **no / nunca** ＋ haber動詞 ＋ 動詞（過去分詞）．

ジョ ノ エ エスタード エン エスパーニャ
Yo no he estado en España.（スペインに行ったことがない）

ジョ ヌンカ エ エスタード エン エスパーニャ
Yo nunca he estado en España.（スペインに行ったことが一度もない）

　『nunca（一度も〜ない）』は『no（〜ない）』の意味を含んでいます（＝ never［英］）。動詞の前に『nunca』を使うと『no』はいりません。動詞のうしろに使うときは動詞を否定形（no＋動詞）にして、後に『nunca』をつけます。

●疑問パターン●

主語とhaber動詞＋動詞（過去分詞）を逆にするだけ！

¿ **haber動詞** ＋ 動詞（過去分詞） ＋ 主語 ？

¿ **Nunca** ＋ **haber動詞** ＋ 動詞（過去分詞） ＋ 主語 ？

ヌンカ アス ビスト ピラタス・デル・カリベ
¿ Nunca has visto "Piratas del Caribe"?
（『パイレーツ・オブ・カリビアン』を観たことがないの？）

~したことがあります／Yo he＋動詞（過去分詞）

答え方

Sí, la he visto.（はい、観たことがあります）

No, nunca la he visto.（いいえ、観たことがありません）

😊 応用パターンで言ってみよう!

Nunca hemos probado esto.
ヌンカ　エモス　プロバード　エスト

（私たちは）これを一度も食べたことがない。

（ワンポイント）『probar』食べる／味わう／試す

No he leído ese libro nunca.
ノ　エ　レイード　エセ　リーブロ　ヌンカ

（私は）その本を一度も読んだことがありません。

（ワンポイント）『leer』読む

Nunca he oído algo tan triste.
ヌンカ　エ　オイード　アルゴ　タン　トリステ

そんなに悲しいことを聞いたことがない。

（ワンポイント）『triste』悲しい

¿ Has comido burritos alguna vez ?
アス　コミード　ブリートス　アルグナ　ベス

（君は）ブリートを食べたことがある？

（ワンポイント）『alguna vez』かつて／一度。『burrito』はメキシコ料理の一種。

¿ Ha estado usted en Japón ?
ア　エスタード　ウステー　エン　ハポン

日本にいらっしゃったことがありますか？

¿ En qué países has estado ?
エン　ケ　パイセス　アス　エスタード

どの国に行った（いた）ことがあるの？

（ワンポイント）『países』は『país（国）』の複数形。

9 (もう)〜しました

(ya) he 〜

基本フレーズ

ジョ ジャ エ コミード
Yo ya he comido.
もう食べたよ。

こんなときに使おう!
「食事した？」と聞かれて…

『haber動詞＋動詞（過去分詞）』は、直説法現在完了形の構文で、現在の立場から見た過去の動作やできごと、経験などを表現するために使われます。

●基本パターン●

主語 ＋ (ya) ＋ haber動詞 ＋ 動詞（過去分詞） ＋ 目的語など．

⚠ これも知っておこう!　——完了形と一緒に用いる言葉

ya（もう／すでに）
anteriormente（かつて）
una vez（あるとき一度）
nunca（一度もない／決してない）
todavía / aún（まだ）
hoy（今日）
este mes（今月）
esta mañana（今朝）

基本パターンで言ってみよう！

アケージャ　ティエンダ　ジャ　ア　セラード
Aquella tienda ya ha cerrado.

あの店はもう閉まった。

エスタ　マニャーナ　エ　イード アル　メディコ
Esta mañana he ido al médico.

今朝（私は）病院へ行きました。

> ワンポイント　『el médico』医者

エ　コミード　デマシアード
He comido demasiado.

食べ過ぎてしまったよ。

> ワンポイント　『demasiado』あまりにも／過度に（副詞）

ジャ　エ　アカバード　エル リーブロ
Ya he acabado el libro.

もう本を読み終わりました。

> ワンポイント　『acabar』済む／終わる

ラ　エモス　ビスト　エスタ　セマーナ
La hemos visto esta semana.

（私たちは）今週（彼女を／それを）見たよ。

> ワンポイント　『la』は「彼女を」以外にも、「それ（女性名詞のもの）を」の意味もあります。

ジャ　アン　ジェガード
Ya han llegado.

（彼ら／彼女たち／あなたたちは）もう着きました。

> ワンポイント　『llegar』着く／到着する（＝arrive［英］）

応用

●否定パターン●

haber動詞の前に否定詞の『no』をつけるだけ！

主語 ＋ (aún) ＋ **no** ＋ haber動詞 ＋ 動詞（過去分詞）．

La tienda aún no ha cerrado.
（ラ ティエンダ アウン ノ ア セラード）

（あの店はまだ閉まっていない）

ワンポイント 『aún（まだ）』と同じ意味の『todavía』も使えます。

●疑問パターン●

主語とhaber動詞＋動詞（過去分詞）を逆にし、『ya』などは動詞（過去分詞）のうしろにつけるだけ！

¿ **haber動詞** ＋ 動詞（過去分詞）＋ ya ＋ 主語 ？

¿ Ha cerrado ya la tienda ?
（ア セラード ジャ ラ ティエンダ）

（店はもう閉まったの？）

答え方

Sí, ya ha cerrado.（はい、もう閉まったよ）
No, aún no ha cerrado.（いいえ、まだ閉まっていないよ）

(もう)〜しました／(ya) he 〜

応用パターンで言ってみよう!

Aún no he terminado.
まだ（私は）終わっていない。

> ワンポイント 『terminar』終わる

Todavía no he comido.
まだ食べていない。

Él aún no se ha casado.
彼はまだ結婚したことはないよ。

Ellos no han llegado aún.
彼らはまだ着いていません。

¿ Has leído algún libro este mes ?
今月（君は）本を（1冊でも）読んだ？

¿ Ha ido al extranjero este año ?
今年（あなたは）海外へ行きましたか？

> ワンポイント 『el extranjero』外国

10 ～できます①

sé ～

基本フレーズ 🎵

Yo sé nadar.
ジョ セ ナダール

私は泳げます。

こんなときに使おう!

「何ができる？」と聞かれて…

『 主語 ＋saber動詞＋動詞の原形／名詞』は、「 主語 は～ができる」という表現です。

saber動詞には「知る」の意味があり、「知識や経験があって技能的にできる」を表します。

●基本パターン●

主語 ＋ saber動詞 ＋ 動詞の原形／名詞 .

saber動詞の活用

| Yo (私) |
| Tú (君) |
| Él / Ella / Usted 彼／彼女／あなた |
| Nosotros / Nosotras 私たち／私たち（全員女性） |
| Vosotros / Vosotras 君たち／君たち（全員女性） |
| Ellos / Ellas / Ustedes 彼ら／彼女たち／あなたたち |

＋

直説法現在
sé
sabes
sabe
sabemos
sabéis
saben

基本パターンで言ってみよう!

Yo sé tocar el piano.
ジョ セ トカール エル ピアノ

私はピアノを弾くことができます。

> ワンポイント 『tocar』触る／（楽器などを）演奏する

Sé alemán.
セ アレマン

（私は）ドイツ語ができます。

> ワンポイント 「ドイツ語を知っている」つまり「ドイツ語ができる」を表します。

Sé hablar coreano.
セ アブラール コレアーノ

（私は）韓国語を話せます。

> ワンポイント 『hablar』話す。話すことはできるが、書いたり読んだりはできるとは限らないニュアンスです。

Ella sabe cómo ir.
エジャ サベ コモ イール

彼女は自分で行くことができます。

> ワンポイント 『saber como ir』行き方が分かる

Sabemos inglés.
サベモス イングレス

（私たちは）英語ができる。

> ワンポイント 『inglés』英語

Sé preparar gazpacho.
セ プレパラール ガスパチョ

（私は）ガスパチョが作れます。

> ワンポイント 『preparar』作る／準備する、『gazpacho』スペインのスープの一種

I これだけは!! 絶対覚えたい重要パターン21

63

応用

●否定パターン●

saber動詞の前に否定詞の『no』をつけるだけ！

主語 ＋ **no** ＋ saber動詞 ＋ 動詞の原形/名詞 .

ジョ ノ セ エスパニョール
Yo no sé español.

（私はスペイン語が話せません）

●疑問パターン●

主語とsaber動詞＋動詞の原形を逆にするだけ！

¿ **saber動詞** ＋ 動詞の原形 ＋ 主語 ?

サベス エスパニョール
¿ **Sabes** español ?

（スペイン語を話せますか？）

答え方

Sí, sé.（はい、できます）

No, sé.（いいえ、できません）

～できます①／sé ～

応用パターンで言ってみよう!

No sé cantar.
（ノ　セ　カンタール）

歌えないよ。

Ella no sabe bailar flamenco.
（エジャ　ノ　サベ　バイラール　フラメンコ）

彼女はフラメンコを踊れないよ。

> **ワンポイント**　『bailar』踊る／ダンスをする

Ellos no saben Word.
（エジョス　ノ　サベン　ワード）

彼らはワードが使えません。

Ellas no saben venir hasta aquí.
（エジャス　ノ　サベン　ベニール　アスタ　アキー）

彼女らはここまで来られません。

> **ワンポイント**　『hasta aquí』ここまで

¿ Sabes inglés ?
（サベス　イングレス）

（君は）英語ができる？

¿ Sabe usted cómo usar un ordenador ?
（サベ　ウステー　コモ　ウサール　ウン　オルデナドール）

あなたはパソコンを使えますか？

> **ワンポイント**　『ordenador』パソコン。
> 中南米では『computador(a)』も使われます。

¿ Sabes cómo preparar sushi ?
（サベス　コモ　プレパラール　スシ）

寿司の作り方がわかる？

11 ～できます②

puedo ～

基本フレーズ

ジョ プエド アブラール ウン ポコ デ エスパニョール
Yo puedo hablar un poco de español.
スペイン語が少し話せます。

こんなときに使おう！
「スペイン語ができる？」と聞かれて…

『 主語 ＋poder動詞＋動詞の原形』は、「 主語 は～ができる」という表現で、「能力や可能性によってできる」場合に使われます。また、「～してはいけない」「～してもよい」の表現にも使うことができます。

●基本パターン●

主語 ＋ poder動詞 ＋ 動詞の原形 .

poder動詞の活用

	直説法現在
Yo（私）	puedo
Tú（君）	puedes
Él / Ella / Usted 彼／彼女／あなた	puede
Nosotros / Nosotras 私たち／私たち（全員女性）	podemos
Vosotros / Vosotras 君たち／君たち（全員女性）	podéis
Ellos / Ellas / Ustedes 彼ら／彼女たち／あなたたち	pueden

基本パターンで言ってみよう!

エル プエデ ベニール エスタ ノーチェ ア ラ フィエスタ
Él puede venir esta noche a la fiesta.

彼は夜にはパーティに来れます。

> ワンポイント 『fiesta』パーティ

プエド レバンタールメ テンプラノ マニャーナ
Puedo levantarme temprano mañana.

(私は)明日も早起きできます。

> ワンポイント 『levantar-se temprano』早起きする

プエド エンテンデール ラ フラセ
Puedo entender la frase.

(私はその)文章を理解できる。

> ワンポイント 『entender』理解する

エル プエデ ウサール インテルネット
Él puede usar Internet.

彼はインターネットを使うことができる。

> ワンポイント 『usar』使う/用いる

プエデス コメールテロ トド
Puedes comértelo todo.

(君は)全部食べてもいいよ。

プエド コレール クアレンタイドス キローメトロス
Puedo correr 42 kilómetros.

(私は)42キロ走れるよ。

> ワンポイント 『correr』走る/駆ける

応用

●否定パターン●

poder動詞の前に否定詞の『no』をつけるだけ！

主語 ＋ **no** ＋ poder動詞 ＋ 動詞の原形 ＋ 目的語．

ジョ ノ ブエド ベベール レチェ
Yo no puedo beber leche.（私は牛乳を飲めないよ）

ワンポイント　アレルギーなど体質的な理由で飲めないニュアンス。

！ これも知っておこう！　──saber と poder の使い分け

Yo no sé montar en bicicleta.
自転車に乗れない（乗り方が分からない）。
Yo no puedo montar en bicicleta.
自転車に乗れない（乗り方が分からないか、ケガなどの具体的な理由で乗れない）。

●疑問パターン●

主語とpoder動詞＋動詞の原形を逆にするだけ！

¿ **poder動詞** ＋ 動詞の原形 ＋ 主語 ＋ 目的語 ?

プエデス コメール コン パリージョス
¿ Puedes comer con palillos ?（[君は]箸で食べることができる？）

答え方

Sí, puedo.（はい、できます）
No, no puedo.（いいえ、できません）

~できます②／puedo～

応用パターンで言ってみよう!

¿ **Se puede** fumar aquí ?
(セ プエデ フマール アキー)

ここはタバコを吸える？

Aquí **no** se **puede** fumar.
(アキー ノ セ プエデ フマール)

ここはタバコを吸えないよ。

No podemos volver andando.
(ノ ポデモス ボルベール アンダンド)

（私たちは）歩いて帰れない。

> ワンポイント 『andando』歩いて

La semana que viene **no puedo** venir.
(ラ セマーナ ケ ビエネ ノ プエド ベニール)

来週（私は）来られない。

> ワンポイント 『la semana que viene』来週

¿ **Puedes** hablar francés ?
(プエデス アブラール フランセス)

（君は）フランス語が話せる？

> ワンポイント 『francés』フランス語

¿ **Puede** ayudarme mañana con el trabajo ?
(プエデ アユダールメ マニャーナ コン エル トラバホ)

明日、仕事を手伝ってくれますか？

12 ～しなければなりません

tengo que ～

基本フレーズ

Tengo que irme.
テンゴ ケ イールメ

帰らなきゃ。

こんなときに使おう！

おいとまする時間がせまってきたので…

『主語 + tener動詞 + que』は、「主語 は～しなければならない」という表現です。『tener que～』は「～しなければならない」という表現で、英語の『have to～』に相当します。

●基本パターン●

主語 ＋ tener動詞 ＋ que ＋ 動詞の原形 ．

tener動詞の活用

tener動詞の活用	直説法現在
Yo（私）	tengo
Tú（君）	tienes
Él / Ella / Usted 彼／彼女／あなた	tiene
Nosotros / Nosotras 私たち／私たち（全員女性）	tenemos
Vosotros / Vosotras 君たち／君たち（全員女性）	tenéis
Ellos / Ellas / Ustedes 彼ら／彼女たち／あなたたち	tienen

基本パターンで言ってみよう！

Yo tengo que pagar la factura.

私は請求書の料金を払わなければなりません。

> ワンポイント 『pagar』支払う

Tú tienes que venir más temprano.

君はもっと早く来なければいけない。

> ワンポイント 『más』もっと（＝more［英］）

Tenemos que trabajar el sábado.

（私たちは）土曜日に働かなければなりません。

Tengo que hacer la compra.

買い物をしなきゃ。

> ワンポイント 『hacer la compra』買い物をする（日用品や食品）。『ir de compras』買い物に出かける（デパートなどでのショッピング）。

Ella tiene que ver al director mañana.

明日彼女は社長に会わなければならない。

> ワンポイント 『ver』（人に）会う／見る

Tenemos que estar allí a las ocho y media.

（私たちは）あそこに8時半にいなければいけません。

Tengo que volver el mes que viene.

（私は）来月、戻らなければならない。

応 用

●否定パターン●

tener動詞の前に否定詞の『no』をつけるだけ！

主語 ＋ no ＋ tener動詞 ＋ que ＋ 動詞の原形 ．

マニャーナ　ノ　テンゴ　ケ　レバンタールメ　テンプラーノ
Mañana no tengo que levantarme temprano.
（明日は［私は］早く起きなくてもいいです）

●疑問パターン●

主語とtener動詞＋que＋動詞の原形を逆にするだけ！

¿ tener動詞 ＋ que ＋ 動詞の原形 ＋ 主語 ？

ティエネス　ケ　イールテジャ
¿ Tienes que irte ya ?（［君は］もう帰らなければいけないの？）

答え方

Sí, lo siento.（はい、ごめんなさい）

No, todavía no tengo que irme.（いいえ、まだ帰らなくても大丈夫です）

> **これも知っておこう！** ——義務を表す動詞について

　義務を表す動詞には『deber＋動詞の原形』もあります。『deber』は義務や決まりごとのニュアンスがあり、「〜するべき」「〜しなければならない」の意味です。否定形は「〜してはいけない」よりも「〜しなくてもよい」の意味を表します。また『hay que＋動詞の原形』は日常会話でよく使われます。主語がなく、「誰でも一般的にしなければならないこと」を表します。

～しなければなりません／tengo que ～

応用パターンで言ってみよう!

ノ ティエネス ケ エスフォルサールテ タント
No tienes que esforzarte tanto.

そんなに頑張らなくてもいいよ。

ワンポイント 『esforzar-se』努力する／頑張る

エル マルテス ノ テンゴ ケ イール ア ラ オフィシーナ
El martes no tengo que ir a la oficina.

（私は）火曜日には事務所へ行かなくていい。

ノ ティエネス ケ エクスプリカールメロ
No tienes que explicármelo.

（君は私に）説明してくれなくてもいいよ。

ワンポイント 『explicar』説明する／弁解する

テンゴ ケ イール ジョ タンビエン
¿ **Tengo que ir yo también** ?

私も行かなくてはいけないの？

ティエネン ケ アセール （エジョス） タント ルイード
¿ **Tienen que hacer (ellos) tanto ruido** ?

（彼らは）そんなにうるさくしなければならないの？

ワンポイント 『ruido』騒音

クアンド ティエネス ケ ボルベール
¿ **Cuándo tienes que volver** ?

（君は）いつ戻らなければならないの？

ノ ティエネス ケ エストゥディアール オイ
¿ **No tienes que estudiar hoy** ?

今日、（君は）勉強しなくてもいいの？

13 ～したいです

quiero ～

基本フレーズ

ジョ　キエロ　ベール　ラ　テレビシオン
Yo quiero ver la televisión.
私はテレビを観たいです。

こんなときに使おう！
「何がしたい？」と聞かれて…

『 主語 +querer動詞+ 動詞の原形 』は、「 主語 は～したい」という表現です。『 主語 +querer動詞+ 名詞 』で「～がほしい」の意味になります。

●基本パターン●

主語 ＋ querer動詞 ＋ 動詞の原形 .

querer動詞の活用

| Yo (私) |
| Tú (君) |
| Él / Ella / Usted
彼／彼女／あなた |
| Nosotros / Nosotras
私たち／私たち（全員女性） |
| Vosotros / Vosotras
君たち／君たち（全員女性） |
| Ellos / Ellas / Ustedes
彼ら／彼女たち／あなたたち |

＋

直説法現在	直説法過去未来
quiero	querría
quieres	querrías
quiere	querría
queremos	querríamos
queréis	querríais
quieren	querrían

過去未来は「(もしできれば／可能性があれば) ～したい／～がほしいと思う」のような、もっと柔らかく丁寧な要望を表します（＝would [英]）。

基本パターンで言ってみよう！

Yo quiero comprar un diccionario de español.
（ジョ キエロ コンプラール ウン ディクシオナリオ デ エスパニョール）

私はスペイン語の辞書を（1冊）買いたいです。

> **ワンポイント** 『diccionario』辞書

Queremos ir al cine.
（ケレモス イールアル シネ）

（私たちは）映画へ行きたい。

Quiero verte otra vez.
（キエロ ベールテ オートラ ベス）

君にもう一度会いたい。

Quiero un vaso de agua.
（キエロ ウン バソ デ アグア）

（私は）一杯の水がほしい。

> **ワンポイント** 『vaso』コップ

Querría un vaso de agua por favor.
（ケリーア ウン バソ デ アグア ポル ファボール）

一杯の水をください。お願いします。

> **ワンポイント** querer動詞を過去未来にすると「（もしできれば）〜がほしいのですが」と丁寧な表現になります。

Yo querría invitarte a la fiesta.
（ジョ ケリーア インビタールテ ア ラ フィエスタ）

私は（もしよかったら）パーティに君を誘いたいと思うけど。

> **ワンポイント** 『invitar』誘う／おごる

応 用

●否定パターン●

querer動詞の前に否定詞の『no』をつけるだけ！

主語 + **no** + querer動詞 + 動詞の原形 .

Yo no quiero comer.
ジョ ノ キエロ コメール

（食べたくない）

●疑問パターン●

主語とquerer動詞を逆にするだけ！

¿ **querer動詞** + 主語 + 動詞の原形 ?

¿ Quieres ir ?
キエレス イール

（［君は］行きたい？）

答え方

Sí, quiero. （はい、行きたいです）

No, no quiero. （いいえ、行きたくないです）

~したいです／quiero ~

😀 応用パターンで言ってみよう!

Yo no quiero seguir así.
(ジョ ノ キエロ セギール アシー)

このように続けたくない。

> ワンポイント 『así』このように／そのように、『seguir』続く

No quiero saberlo.
(ノ キエロ サベールロ)

知りたくない。

> ワンポイント 『saber』知る

No quiero ver esa película.
(ノ キエロ ベール エサ ペリークラ)

(私は)その映画を観たくないよ。

No quiero verte nunca más.
(ノ キエロ ベールテ ヌンカ マス)

(私は)もう二度と(君に)会いたくない。

¿ Quieres venir con nosotros ?
(キエレス ベニール コン ノソトロス)

(君は)私たちと一緒に来たい？

¿ Quiere usted comer algo ?
(キエレ ウステー コメール アルゴ)

あなたは何を召し上がりたいですか？

¿ Qué quieres saber ?
(ケ キエレス サベール)

(君は)何が知りたいの？

14 〜してほしいです

quiero que 〜

基本フレーズ

ジョ キエロ ケ トゥ メ コンプレス ウン モビル
Yo quiero que tú me compres un móvil.
私は君に携帯電話を買ってもらいたいです。

こんなときに使おう！
「何を買ってほしい？」と聞かれて…

『quiero que 〜 』は、「私は〜してほしい」という表現で、要望や願望を伝えるときに使います。『que』は接続語で、主節と従属節をつなぐ役割をしています。

●基本パターン●

主語 ＋ querer動詞 ＋ que ＋ （従属主語） ＋ 動詞（接続法現在）

基本フレーズの「私は君に携帯電話を買ってもらいたい」という表現は、スペイン語においては次の4つの解釈があります。

① Yo quiero que compres un móvil.
　（携帯電話を買ってほしい）
　Yo quiero que te compres un móvil.
　（君のための携帯電話を買ってほしい）

② Yo quiero que me compres un móvil.
（私のための［私が使う／私にプレゼントしてくれる］携帯電話を買ってほしい）

③ Yo quiero que compres un móvil para mí.
（私のための［私に合う／私向けの］携帯電話を買ってほしい）

④ Yo quiero que compres un móvil por mí.
（私のために［私の代わりに］携帯電話を買ってほしい）

ワンポイント　『para ~』〜のため（目的［〜するように／〜向け］）
　　　　　　　『por ~』〜のため（理由［〜のせい／〜の代わり］）

接続法現在（規則動詞の活用）

	ar動詞 estudiar (勉強する)	er動詞 comer (食べる)	ir動詞 vivir (住む／生きる)
Yo (私)	estudie	coma	viva
Tú (君)	estudies	comas	vivas
Él / Ella / Usted 彼／彼女／あなた	estudie	coma	viva
Nosotros / Nosotras 私たち／私たち (全員女性)	estudiemos	comamos	vivamos
Vosotros / Vosotras 君たち／君たち (全員女性)	estudiéis	comáis	viváis
Ellos / Ellas / Ustedes 彼ら／彼女たち／あなたたち	estudien	coman	vivan

接続法現在（不規則動詞の活用）

	ar動詞 ir (行く)	er動詞 volver (帰る／戻る)	ir動詞 venir (来る)
Yo (私)	vaya	vuelva	venga
Tú (君)	vayas	vuelvas	vengas
Él / Ella / Usted 彼／彼女／あなた	vaya	vuelva	venga
Nosotros / Nosotras 私たち／私たち (全員女性)	vayamos	volvamos	vengamos
Vosotros / Vosotras 君たち／君たち (全員女性)	vayáis	volváis	vengáis
Ellos / Ellas / Ustedes 彼ら／彼女たち／あなたたち	vayan	vuelvan	vengan

基本パターンで言ってみよう！

Yo quiero que estudies más.
ジョ キエロ ケ エストゥディエス マス

私は（君に）もっと勉強してほしい。

Quiero que vengas más temprano.
キエロ ケ ベンガス マス テンプラーノ

（私は君に）もっと早く来てほしい。

Ella quiere que (yo) vaya mañana.
エジャ キエレ ケ （ジョ） バジャ マニャーナ

彼女は（私が）明日行くことを望んでいる。

Él quiere que comamos juntos.
エル キエレ ケ コマモス フントス

彼は（私または私たちと）一緒に食べたがっています。

Quiero que escuches esta canción.
キエロ ケ エスクーチェス エスタ カンシオン

（私は君に）この歌を聴いてほしい。

Quiero que me digáis la verdad.
キエロ ケ メ ディガイス ラ ベルダー

（私は君たちに）本当のことを言ってほしい。

> **ワンポイント** 『decir（言う／教える）』は不規則動詞。接続法現在の活用：『Yo diga』『Tú digas』『Él / Ella / Usted diga』『Nosotros(as) digamos』『Vosotros(as) digáis』『Ellos(as) / Ustedes digan』

Quiero que lo sepas.
キエロ ケ ロ セパス

（私は君にそれを）知っておいてほしい。

> **ワンポイント** 『saber（知る）』は不規則動詞。接続法現在の活用：『Yo sepa』『Tú sepas』『Él / Ella / Usted sepa』『Nosotros(as) sepamos』『Vosotros(as) sepáis』『Ellos(as) / Ustedes sepan』

～してほしいです／quiero que ～

I これだけは!! 絶対覚えたい重要パターン21

応 用

●否定パターン●

querer動詞の前に否定詞の『no』をつけるだけ！

主語 + **no** + querer動詞 + que + （従属主語） + 動詞（接続法現在）．

Yo no quiero que comas eso.
ジョ ノ キエロ ケ コマス エソ
（私は［君に］それを食べてほしくない）

●疑問パターン●

主語とquerer動詞を逆にするだけ！

¿ **querer動詞** + 主語 + que + （従属主語） + 動詞（接続法現在） ?

¿ Quieres que yo vaya contigo ?
キエレス ケ ジョ バジャ コンティーゴ
（［君は］私に［一緒に］行ってほしい？）

答え方

Sí, por favor.（はい、お願いします）

No, no hace falta.（いいえ、必要ありません）

~してほしいです／quiero que ~

応用パターンで言ってみよう!

No quiero que me hables.
（私は君に）話しかけて（言葉をかけて）ほしくない。

Ella no quiere que vengas.
彼女は（君に）来てほしくない。

No quiero que lo sepa nadie, es un secreto.
（私は）それを誰にも知ってほしくない、秘密だ。

> ワンポイント 『nadie』誰も～ない（＝nobody［英］）、『secreto』秘密

¿ Quieres que te diga la verdad ?
（君は）真実を言ってほしい？

¿ Queréis que vayamos a comer ?
（君たちは私／私たちに）一緒に食べに行ってほしい？

> ワンポイント 「皆で食べに行ったらどうですか？」と希望をうかがうときにも使えます。

¿ Quiere que le llame mañana ?
（あなたは私が）明日（あなたに）電話をかけてほしいですか？

¿ Quieres que te recoja mañana ?
（君は私に）明日迎えに来てほしい？

15 ～がいます／あります①

場所＋hay＋名詞

基本フレーズ

エン ラ エスキーナ アイ ウン バンコ
En la esquina hay un banco.
角に銀行があります。

こんなときに使おう！
道案内で目印を教えるときに…

『hay ～』は、「～がある／いる／存在する」という表現です（＝there is ～［英］）。

『hay』はhaber動詞の直説法現在三人称単数で、非人称で使われます。不特定の人や物事など、何かが存在することを表します。

●基本パターン●

場所 ＋ hay ＋ （量詞） ＋ 名詞．

程度を示す単語

程度	～過ぎる	多い	かなり／十分	少ない	全然～ない
数えられる	demasiados(as)	mucho(as)	bastantes	pocos(as)	ningún(a)
数えられない	demasiado(a)	mucho(a)	bastante	poco(a)	nada de
英語相当語	too many too much	a lot	quite	little	not at all

基本パターンで言ってみよう!

Allí hay un supermercado.
アジー アイ ウン スーペルメルカード

あそこにスーパーが（1店）あります。

En la estación hay una máquina de bebidas.
エン ラ エスタシオン アイ ウナ マキナ デ ベビーダス

駅に（飲み物の）自動販売機が（1台）ある。

> ワンポイント 『máquina』機械

En esta estación hay varias salidas.
エン エスタ エスタシオン アイ バリアス サリーダス

この駅には出口がいくつもある。

> ワンポイント 『varios(as)』いくつかの（＝several［英］）。

Aquí hay demasiada gente.
アキー アイ デマシアーダ ヘンテ

ここには人が多すぎる。

> ワンポイント 『gente（人／人々）』は集合名詞・単数扱い（＝people［英］）。

Ahí hay muchas casas.
アイー アイ ムーチャス カサス

そこには家がたくさんある。

Hay poco tiempo.
アイ ポコ ティエンポ

時間が少ない（少しある）。

> ワンポイント 『tiempo』（＝time［英］）は概念的な時間を表し、数えられません。『hora』（＝hour［英］）は数えられ、「1時間ある」は『Hay una hora.』となります。

Hay poca comida en el frigorífico.
アイ ポカ コミーダ エン エル フリゴリーフィコ

冷蔵庫に食べ物が少ししかない。

> ワンポイント 『comida』食べ物／飯／食事

85

応用

●否定パターン●

『hay』の前に否定詞の『no』をつけるだけ！

場所 + **no** + hay + （量詞） + 名詞．

ポル アキー セルカ ノ アイ バンコス
Por aquí cerca no hay bancos.

（このあたりに銀行はない）

ワンポイント 『cerca』近く

●疑問パターン●

¿ **Hay** + （量詞） + 名詞 + 場所 ?

アイ アルグナ オフィシーナ デ コレオス ポル アキー
¿ Hay alguna oficina de correos por aquí ?

（この近くに郵便局がありますか？）

ワンポイント 『oficina de correos』郵便局、『algún / alguna』ある／何らかの

答え方

Sí, hay.（はい、あります）

No, no hay.（いいえ、ありません）

~がいます／あります①／場所＋hay＋名詞

応用パターンで言ってみよう!

Aquí no hay mucha gente.
（アキー ノ アイ ムーチャ ヘンテ）

ここには人があまり多くない。

> ワンポイント 『no~mucho / -a (s)』 あまり～ない

Allí no hay nadie.
（アジー ノ アイ ナディエ）

あそこには誰もいない。

Ahí no hay nada.
（アイー ノ アイ ナダ）

そこには何もありません。

> ワンポイント 『nada』 何もない（＝nothing ［英］）

En mi casa no hay nada de comida.
（エン ミ カサ ノ アイ ナダ デ コミーダ）

私の家には食べ物が全然ありません。

¿ Hay alguien ahí ?
（アイ アルギエン アイー）

そこに誰かがいるの？

> ワンポイント 『alguien』 誰か（＝anybody ［英］）

¿ Cuántos clientes hay en el restaurante ?
（クアントス クリエンテス アイ エン エル レスタウランテ）

レストランにはお客様が何人いる？

> ワンポイント 数えられる名詞は『Cuántos (as)（いくつ）』、数えられない名詞は『Cuánto (a)（いくら／どれぐらい）』で量を尋ねます。

¿ Cuánto dinero hay en el sobre ?
（クアント ディネロ アイ エン エル ソブレ）

封筒にはいくら（のお金が）あるの？

16 ～がいます／あります②

主語＋estar動詞＋場所

基本フレーズ

(パパ エスター エン カサ)
Papá está en casa.
父は自宅にいます。

こんなときに使おう！
「お父さんはどこにいるの？」と聞かれて…

パターン15の『hay』とは、日本語で同じように訳せても使い方は異なります。『hay』は主語がなくても存在を示すことができますが、『estar』は主語を用いて人や物の存在を表し、状態を説明します。
① En la calle hay un perro.（通りに犬がいる）
② El perro está detrás de un árbol.（犬が［は］木のうしろにいる）
③ El perro está mirando una flor.（犬は花を見ている）

①の『hay』の文では、存在する（ある／いる）人や物（犬）には定冠詞『el』ではなく、不定冠詞『un』を使います。②と③の文では、①に出てくる犬が主語でその存在が特定できるため、犬には定冠詞『el』を使います。

基本パターン

主語 ＋ estar動詞 ＋ 場所．

estar動詞の活用

	直説法現在	直説法線過去
Yo（私）	estoy	estaba
Tú（君）	estás	estabas
Él / Ella / Usted（彼／彼女／あなた）	está	estaba
Nosotros / Nosotras（私たち／私たち（全員女性））	estamos	estábamos
Vosotros / Vosotras（君たち／君たち（全員女性））	estáis	estabais
Ellos / Ellas / Ustedes（彼ら／彼女たち／あなたたち）	están	estaban

基本パターンで言ってみよう!

ジョ エストイ エン ラ オフィシーナ
Yo estoy en la oficina.

私は事務所にいるよ。

> **ワンポイント** 『oficina』事務所。『la oficina』は主体者（主語）が働いている事務所を示します。『una oficina』は「ある事務所」（複数の事務所の中の1つ）を表します。

エル エスター エン エル トラバホ
Él está en el trabajo.

彼は職場にいる。

> **ワンポイント** 『trabajo』仕事／職

エル オスピタル エスター アル ラド デ ラ オフィシーナ デ コレオス
El hospital está al lado de la oficina de correos.

病院は郵便局の隣にあります。

> **ワンポイント** 『al lado de〜』〜のそばに／〜の隣に

ラ コミーダ エスター エン エル フリゴリーフィコ
La comida está en el frigorífico.

食べ物は冷蔵庫の中にある。

トドス エスタン アキー
Todos están aquí.

みんなここにいるよ。

> **ワンポイント** 全員女性なら『todas』です。

ママ アジェール エスタバ エン カサ
Mamá ayer estaba en casa.

母は昨日家にいた。

ロス リーブロス エスタバン エン エル エスタンテ
Los libros estaban en el estante.

本（複数）が（以前）棚にあった。

応 用

●否定パターン●

estar動詞の前に否定詞の『no』をつけるだけ！

主語 + no + estar動詞 + 場所 .

エジャ ノ エスター アキー
Ella no está aquí.
（彼女はここにいません）

●疑問パターン●

主語とestar動詞を逆にするだけ！

¿ estar動詞 + 主語 + 場所 ?

エスター エジャ エン カサ
¿ Está ella en casa ?
（彼女は家にいますか？）

答え方

Sí, está.（はい、います）
No, no está.（いいえ、いません）

～がいます／あります②／主語＋estar動詞＋場所

😊 応用パターンで言ってみよう!

エル アンテアジェール ノ エスタバ エン ラ オフィシーナ
Él anteayer no estaba en la oficina.

彼はおととい事務所にいなかった。

> ワンポイント 『antes de ayer / anteayer』 おととい

エジャス ノ エスタン エン クラセ
Ellas no están en clase.

彼女らは教室にいません。

> ワンポイント 『clase』 授業／クラス／教室

ディスクルペ エスター ペドロ
Disculpe, ¿está Pedro?

すみません、ペドロさんはいますか？

> ワンポイント 『disculpe（すみません）』＝相手がusted、
> 『disculpa（すまない）』＝相手がtú

エスタバス エン ラ カフェテリーア エル フエベス
¿Estabas en la cafetería el jueves?

木曜日に（君は）喫茶店にいた？

ラ ビブリオテカ ノ エスター エン ラ セグンダ プランタ
La biblioteca no está en la segunda planta.

図書館は2階ではない（2階にない）。

> ワンポイント 『segunda planta』は2階ですが、日本の2階にあたる階はスペインでは『primera planta（1階）』（＝first floor［英］)、日本の1階にあたる階は『planta baja』（＝ground floor［英］）と言います。

ノ エスタス エン カサ トダビーア
¿No estás en casa todavía?

（君は）まだ家にいないの？

> ワンポイント 『todavía』まだ

ドンデ エスタス
¿Dónde estás?

（君は）どこにいる？

17 〜は誰？

¿ Quién es 〜 ?

基本フレーズ

¿ **Quién es** ella ?
(キエン エス エジャ)

彼女は誰？

こんなときに使おう！

ある女性を初めて見たときに…

『¿ Quién + ser動詞 + 主語 ?』は、「〜は誰？」という表現です（＝ Who is〜？［英］）。

●基本パターン●

¿ Quién ＋ ser動詞 ＋ 主語 ?

ser動詞の活用（直説法）

	現在	線過去	点過去	未来
Yo (私)	soy	era	fui	seré
Tú (君)	eres	eras	fuiste	serás
Él / Ella / Usted 彼／彼女／あなた	es	era	fue	será
Nosotros / Nosotras 私たち／私たち（全員女性）	somos	eramos	fuimos	seremos
Vosotros / Vosotras 君たち／君たち（全員女性）	sois	erais	fuisteis	seréis
Ellos / Ellas / Ustedes 彼ら／彼女たち／あなたたち	son	eran	fueron	serán

基本パターンで言ってみよう!

キエン　エラ　ス　プロフェソール　デ　エスパニョール
¿ Quién era su profesor de español ?

あなたのスペイン語の先生は（以前）誰でしたか？

> **ワンポイント**　『profesor』教師。『era』はser動詞の線過去で「あのとき」「大学にいたとき」「勉強し始めたとき」など、過去に発生し、現在も継続しているできごとを表します。

キエン　エス　エル　ボカリスタ　デ　クイーン
¿ Quién es el vocalista de Queen ?

クイーンのボーカルは誰？

キエン　エス　トゥ　アミーゴ
¿ Quién es tu amigo ?

君の友達は誰？

> **ワンポイント**　『amigo / amiga（女性）』友達

キエネス　セラン　ロス　カンペオーネス　エステ　アーニョ
¿ Quiénes serán los campeones este año ?

今年はどのチームが優勝（複数）するかな？

> **ワンポイント**　『campeón』チャンピオン／優勝者。チームに対して使うときは複数になります。

キエネス　フエロン　ロス　カンペオーネス　エルアーニョ　パサード
¿ Quiénes fueron los campeones el año pasado ?

去年はどのチームが優勝したのかな？

キエン　エラ　エル　ヘフェ　デ　デパルタメント
¿ Quién era el jefe de departamento ?

部長は誰だったっけ？

> **ワンポイント**　『departamento』部、『jefe』上司（＝boss［英］）。

応 用

●応用パターン●

誰が〜しますか？

¿ Quién + 動詞句 ?

応用パターンで言ってみよう!

¿ Quién está cantando ?
キエン エスター カンタンド

誰が歌っているの？

> ワンポイント 『cantar』歌う

¿ Quién ha roto el vaso ?
キエン ア ロト エル バソ

誰がカップを壊したんだ？

> ワンポイント 『romper』壊す／壊れる。現在完了形は『haber動詞＋romperの過去分詞roto』

¿ Con quién vas ?
コン キエン バス

誰と行くの？

¿ Quién ha venido ?
キエン ア ベニード

（今）誰が来たの？

> ワンポイント 現在完了形は『haber動詞＋venirの過去分詞venido』

~は誰？／¿ Quién es ～ ?

¿ A quién vas a escribir ?
ア キエン バス ア エスクリビール

誰に書くの？

¿ A quién está buscando ?
ア キエン エスター ブスカンド

誰をお訪ねですか？

ワンポイント 『buscar』探す／捜す

18 〜はいつ？

¿ Cuándo es 〜 ?

基本フレーズ

クアンド エス トゥ クンプレアーニョス
¿ Cuándo es tu cumpleaños ?
君の誕生日はいつ？

こんなときに使おう！
誕生日を聞きたいときに…

『¿ Cuándo + ser動詞 〜 ?』は、「〜はいつですか？」という表現です（= When is 〜 ?［英］）。

●基本パターン●

¿ Cuándo + ser動詞 + 主語 ?

！ これも知っておこう！ ——日時の尋ね方

もっと具体的に時間を聞くときは、次の表現も使えます。
¿ A qué hora es 〜 ?（〜は何時ですか？）
¿ Qué día es 〜 ?（〜は何日ですか？）

基本パターンで言ってみよう!

¿ Cuándo es tu día libre ?
君の暇な日はいつですか?

> ワンポイント 『libre』自由な／空いている／暇な

¿ Cuándo es el final del curso ?
学期の終わりはいつですか?

> ワンポイント 『final』終わり／終了　『curso』課程／講座／学期

¿ Cuándo son las semifinales ?
準決勝はいつですか?

> ワンポイント 『semifinal(es)』準決勝

¿ Cuándo será la fiesta ?
パーティはいつ（の予定）ですか?

> ワンポイント ser動詞の未来形を使うと、既に決まっている予定を表します。

¿ A qué hora es el partido ?
試合は何時ですか?（何時に始まりますか?）

¿ Qué día es el examen ?
試験は何日ですか?

¿ Qué día fue la boda ?
結婚式は何日でしたか?

> ワンポイント ser動詞の点過去を使い、過去の一点のできごとを表します。

応　用

●応用パターン●

いつ〜しますか？

¿ Cuándo ＋ 動詞句 ?

応用パターンで言ってみよう!

　　　クアンド　　　バス　ア　ベニール
¿ **Cuándo** vas a venir ?

（君は）いつ来る（つもりな）の？

> ワンポイント 『ir動詞＋a＋動詞の原形』〜しようとしている／〜するつもり。（パターン6参照）

答え方

Mañana.（明日）

Pasado mañana.（あさって）

En dos o tres días.（2、3日後）

　　　クアンド　　　エストゥビステ　アジー
¿ **Cuándo** estuviste allí ?

（君は）いつあそこにいたの？

> ワンポイント 『estar（いる）』は不規則動詞。直説法点過去の活用：『Yo estuve』『Tú estuviste』『Él / Ella / Usted estuvo』『Nosotros(as) estuvimos』『Vosotros(as) estuvisteis』『Ellos(as) / Ustedes estuvieron』

~はいつ？／¿ Cuándo es ～？

¿ Cuándo compraste esto ?
クアンド　コンプラステ　エスト

（君は）これをいつ買ったの？

¿ Cuándo podrá usted confirmarme la fecha ?
クアンド　ポドラー　ウステー　コンフィルマールメ　ラ　フェチャ

あなたはいつ日程を確認してくださいますか？

> **ワンポイント**　『poder（できる）』は不規則動詞。直説法未来の活用：『Yo podré』『Tú podrás』『Él / Ella / Usted podrá』『Nosotros(as) podremos』『Vosotros(as) podréis』『Ellos(as) / Ustedes podrán』

¿ Cuándo quieres ir ?
クアンド　キエレス　イール

（君は）いつ行きたいの？

¿ Cuándo has vuelto ?
クアンド　アス　ブエルト

（君は）いつ帰ったの？

> **ワンポイント**　『volver』の現在完了形は『haber動詞＋volverの過去分詞vuelto』

Ⅰ これだけは!! 絶対覚えたい重要パターン21

19 〜はどこ？

¿ Dónde está 〜 ?

基本フレーズ

ドンデ　エスター　エル　セルビシオ
¿ Dónde está el servicio ?
トイレはどこですか？

こんなときに使おう！
トイレの場所を聞きたいときに…

『¿ Dónde + estar動詞 〜 ?』は、「〜はどこですか？」という表現です（= Where is 〜 ?［英］）。

●基本パターン●

¿ Dónde + estar動詞 + 主語 ?

日本語	スペイン語	英語相当語
上へ	arriba	up
下へ	abajo	down
〜の中	dentro de〜	inside
〜の外	fuera de〜	outside
左へ	a la izquierda	to the left
右へ	a la derecha	to the right
上	sobre	above
下	bajo	below
〜の上	encima de〜	on top of
〜の下	debajo de〜	under
〜の前	delante de〜	before
〜のうしろ	detrás de〜	behind

基本パターンで言ってみよう!

ドンデ　エスター　ラ　パラーダ　デ　アウトブス
¿ Dónde está la parada de autobús ?

バス停はどこですか？

ワンポイント 『autobús』バス

ドンデ　エスター　ブエストラ　エスクエラ
¿ Dónde está vuestra escuela ?

あなたたちの学校はどこですか？

ワンポイント （＝Where is your school ?［英］）

ドンデ　エスター　ス　コンパニーア
¿ Dónde está su compañía ?

御社はどこにありますか？

ドンデ　アイ　ウナ　ファルマーシア
¿ Dónde hay una farmacia ?

薬局はどこにありますか？

ワンポイント 「あるかどうかわからない」ニュアンス

ドンデ　エスター　ラ　ファルマーシア
¿ Dónde está la farmacia ?

薬局はどこですか？

ワンポイント 「あることは知っているが具体的な場所がわからない」ニュアンス

ドンデ　エスタス　アオラ
¿ Dónde estás ahora ?

君は今どこにいるの？

ドンデ　エスター　ウステー
¿ Dónde está usted ?

あなたは今どこにいますか？

応用

●応用パターン●

どこで（に）～しますか？

$$¿ \text{ Dónde } + \text{ 動詞 } + \text{ 主語 } ?$$

応用パターンで言ってみよう!

¿ Dónde vive usted ?
ドンデ　ビベ　ウステー

あなたはどこに住んでいますか？

¿ Dónde estuviste ayer ?
ドンデ　エストゥビステ　アジェール

（君は）昨日どこにいたの？

> ワンポイント 『estuviste』は『estar（いる）』の直説法点過去。

¿ A dónde vas mañana ?
ア　ドンデ　バス　マニャーナ

（君は）明日どこに行くの？

> ワンポイント 『¿ A dónde ?』は単独で「どこへ？」と尋ねるときに使えます。

¿ De dónde es tu amigo ?
デ　ドンデ　エス　トゥ　アミーゴ

君の友達はどこから来た人ですか？

> ワンポイント 『¿ De dónde ?』どこの？／どこからの？

¿ Dónde has comprado esto ?
ドンデ　アス　コンプラード　エスト

（君は）これをどこで買ったの？

~はどこ？／¿ Dónde está ~ ?

¿ A dónde quieres ir ?
ア ドンデ キエレス イール

（君は）どこへ行きたいの？

20 どうして〜？
¿ Por qué 〜 ?

基本フレーズ♪

ポル ケ ピエンサス エソ
¿ Por qué piensas eso ?
なぜそう思うの？

こんなときに使おう！
相手の考えの理由を聞きたいときに…

『¿ Por qué 〜 ?』は、「どうして〜するのですか？」「なぜ〜するのですか？」と理由を尋ねる表現です（＝Why 〜？［英］）。

理由を説明するときは、『porque 〜（〜だから）』で答えます（＝because 〜［英］）。

例：¿ Por qué no vas ?（どうして行かないの？）
　　No puedo ir porque tengo trabajo.（仕事があるから行けない）

尋ねるとき、アクセントは『¿ Por qué ?』（ポル<u>ケ</u>）となり、答えるときは『porque』（<u>ポ</u>ルケ）となります。

他にも『porqué』には「理由／訳」（名詞）の意味もあります。このときのアクセントは記号の通り『porqué』です。名詞として使うときは前に定冠詞『el』を置きます。（複数は『los porqués』）

⚠ これも知っておこう！　──理由を尋ねる表現の使い分け

¿ Por qué no lo sabes ?（なぜ［君は］知らないの？）
¿ No sabes porqué ?（［君は］なぜか知らないの？）
No sabes el porqué.（［君は］なぜかその理由を知らない）
No lo sabes porque nadie te lo ha dicho.（誰も言ってくれないから知らない）

● 基本パターン ●

¿ Por qué + 動詞 + 主語 ?

基本パターンで言ってみよう!

¿ **Por qué** has venido tan temprano ?
ポル ケ アス ベニード タン テンプラーノ

どうしてそんなに早く来たの？

- ワンポイント 『tan』そんなに
- 答え方 Porque no quería llegar tarde.
  ポルケ ノ ケリーア ジェガール タルデ
  （遅刻したくなかったから）
- ワンポイント 『tarde』遅く

¿ **Por qué** no has ido al trabajo ?
ポル ケ アス イード アル トラバホ

どうして仕事へ行かなかったの？

- 答え方 Porque me encuentro mal.
  ポルケ メ エンクエントロ マル
  （具合が悪いから）
- ワンポイント 『encontrarse mal』具合が悪い。『se』は再帰代名詞の活用で、動詞の前に置きます。『Yo me encuentro mal』『Tú te encuentras mal』『Él / Ella / Usted se encuentra mal』『Nosotros (as) nos encontramos mal』『Vosotros (as) os encontráis mal』『Ellos (as) / Ustedes se encuentran mal』

¿ **Por qué** has comprado esto ?
ポル ケ アス コンプラード エスト

（君は）どうしてこれを買ったの？

- 答え方 Porque era barato.
  ポルケ エラ バラート
  （安かったから）
- ワンポイント 『barato』安い

¿ **Por qué** no te callas ?
ポル ケ ノ テ カジャス

どうして（君は）黙らないの？（黙ったらどう？）

- ワンポイント 『callarse』黙る。『Yo me callo』『Tú te callas』『Él / Ella / Usted se calla』『Nosotros (as) nos callamos』『Vosotros (as) os calláis』『Ellos (as) / Ustedes se callan』

応用

●応用パターン●

〜しませんか？／〜しましょうか？／なぜ〜しないの？／〜したらどう？

理由をうかがうこと以外に『¿ Por qué no 〜 ?』は「勧誘／示唆」なども表します。

¿ Por qué no + 動詞句 ?

応用パターンで言ってみよう!

¿ **Por qué no** vamos a tomar un café ?
ポル ケ ノ バモス ア トマール ウン カフェー

（一緒に）コーヒーを飲みに行きませんか？（行きましょうか？）

答え方

Vamos.（行きましょう）
バモス

Lo siento, hoy no puedo.（ごめんなさい、今日は行けないんです）
ロ シエント オイ ノ プエド

¿ **Por qué no** estudias más ?
ポル ケ ノ エストゥディアス マス

どうしてもっと勉強しないの？（もっと勉強したらどう？）

答え方　No puedo porque tengo trabajo.
　　　　ノ プエド ポルケ テンゴ トラバホ

　　　　（アルバイトがあるからできないんだ）

106

どうして〜？／¿ Por qué 〜?

答え方 Es que no me gusta estudiar.
（勉強が嫌いだからやらないんだ）

¿ Por qué no vas tú solo ?

君1人で行ったらどう？

ワンポイント 『solo』1人で

答え方 No puedo ir solo porque no sé el camino.
（道が分からないから1人で行けないんだ）

¿ Por qué no le dices lo que sientes ?

どうして（彼に／彼女に）自分が感じていることを言わないの？

ワンポイント 『sentir』感じる（活用は『Yo siento』『Tú sientes』など）。『lo que』そのもの／そのこと。『decir』言う（活用は『Yo digo』『Tú dices』など）。

答え方 Si se lo digo se enfadará.
（言ったら［彼が／彼女が］怒ってしまいそうだから）

答え方 Si se lo digo le haré daño.
（言ったら［彼が／彼女が］傷ついてしまいそうだから）

21 ～はどう？

¿ Cómo ～ ?

基本フレーズ

¿ **Cómo** estás ?
コモ　エスタス
元気？

こんなときに使おう！

相手に状態を聞かれて…

『¿ Cómo ～ ?』は「～はどうですか？」「～はいかがですか？」「どうやって～しますか？」の表現です。（＝How ～ ?［英］）

● 基本パターン ●

¿ Cómo ＋ 動詞 ＋ 主語 ?

！ これも知っておこう！ ――名前の尋ね方

スペイン語で名前を聞くときは「どのように呼ばれていますか？」のようになります。『llamar（呼ぶ）』の再帰形『llamarse（～と呼ばれる／～という名前である）』が使われます。

再帰形の活用：『Yo me llamo』『Tú te llamas』『Él / Ella / Usted se llama』『Nosotros(as) nos llamamos』『Vosotros(as) os llamáis』『Ellos(as) / Ustedes se llaman』

¿ Cómo te llamas ?（君の名前は何？）

¿ Cómo se llama usted ?（あなたの名前は何と言いますか？）

基本パターンで言ってみよう!

¿ Cómo te va ?
コモ テ バ

調子はどう？

> **ワンポイント** 良いときは『Me va bien.』、あまり良くないときは『No me va muy bien.』、悪いときは『Me va mal.』と答えます。

¿ Cómo te va en Madrid ?
コモ テ バ エン マドリー

マドリードではどうですか？

> **ワンポイント** 主語『la vida』が省略されています。

¿ Cómo van los estudios ?
コモ バン ロス エストゥーディオス

勉強はどう？

> **ワンポイント** 『estudio(s)』勉強／研究

¿ Cómo has venido ?
コモ アス ベニード

（君は）どうやって来たの？（何［手段］で来たの？）

> **答え方** He venido en autobús.（バスで来た）
> He venido andando.（歩いて来た）
> He venido en coche.（車で来た）

¿ Cómo lo sabes ?
コモ ロ サベス

どうして（君が）知っているの？（何でわかるの？）

¿ Cómo lo ves ?
コモ ロ ベス

どう思う？

> **ワンポイント** 『ver（見る）』を使いますが、慣用句で「君にとってどうですか？」を表します。

応 用

●応用パターン1●

『¿ Cómo es ～ ?』は、「どんな～ですか？」と尋ねる表現です。

¿ Cómo + es + 名詞 ?

応用パターンで言ってみよう!

¿ Cómo es la película ?
コモ エス ラ ペリークラ
どんな映画ですか？

¿ Cómo es tu amigo ?
コモ エス トゥ アミーゴ
君の友達はどんな人ですか？

¿ Cómo es Toledo ?
コモ エス トレド
トレドはどんな町ですか？

●応用パターン2●

『¿ Cómo se ～ ?』は、「どうやって～されますか？」と尋ねる表現です。「どのように～するか？」ではなく、「(一般的に)どうやって～されるか？」という意味になります。

¿ Cómo + se + 動詞(三人称) ?

~はどう？ / ¿ Cómo ~ ?

応用パターンで言ってみよう!

¿ **Cómo se** dice 'pan' en español ?
コモ セ ディセ パン エン エスパニョール

スペイン語で「パン」は何と言いますか？

答え方　Se dice pan.
　　　　セ ディセ パン

（「パン」と言います）

ワンポイント　日本語の呼び名と同じです。

¿ **Cómo se** llama tu amigo ?
コモ セ ジャマ トゥ アミーゴ

君の友達（の名前）は何と言いますか？

答え方　Se llama Javier.
　　　　セ ジャマ ハビエル

（ハビエルと言います）

¿ **Cómo se** usa esto ?
コモ セ ウサ エスト

これはどうやって使われますか？

¿ **Cómo se** abren los archivos ?
コモ セ アブレン ロス アルチーボス

（パソコンの）ファイルはどうやって開けられますか？

ワンポイント　『archivo』ファイル

¿ **Cómo se** va al ayuntamiento ?
コモ セ バ アル アユンタミエント

市役所へはどうやって行かれますか？

¿ **Cómo se** prepara la paella ?
コモ セ プレパラ ラ パエージャ

パエリアはどうやって作られるの？

使える!
頻出パターン51

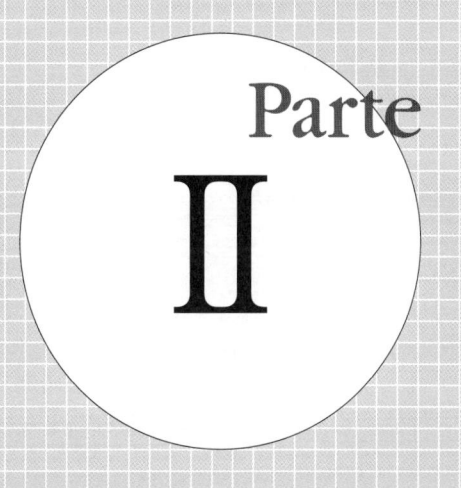

I

Parte

II

22 ～が好きです

Me gusta ～

基本フレーズ

Me gusta la cerveza.
メ グスタ ラ セルベザ
私はビールが好きです。

こんなときに使おう!
お酒の好みを尋ねられたときに…

『gustar』は、「～が好きである」「～を気に入っている」を意味する動詞です。「AはBが好きである」は、『A（間接目的人称代名詞）＋gustar＋B（名詞／動詞の原形）』（BがAの前にきてもよい）の形で表され、『gustar』はBによって活用が変化します。主に三人称で用いられ、間接目的語が意味上の主語になります。『gustar』と同じ使い方をする動詞には、『preocupar（心配させる）』『interesar（関心を持たせる）』などがあります。

●基本パターン●

間接目的人称代名詞 ＋ gustar動詞 .

gustar動詞の活用

		直説法現在
Yo（私）	me	gusto
Tú（君）	te	gustas
Él / Ella / Usted（彼／彼女／あなた）	le	gusta
Nosotros / Nosotras（私たち／私たち（全員女性））	nos	gustamos
Vosotros / Vosotras（君たち／君たち（全員女性））	os	gustáis
Ellos / Ellas / Ustedes（彼ら／彼女たち／あなたたち）	les	gustan

～が好きです／Me gusta ～

基本パターンで言ってみよう!

¿ **Te gusta** el vino ?
テ グスタ エル ビノ

（君は）ワインが好きなの？

> ワンポイント 『el vino』ワイン

> 答え方 **Sí, me gusta**. ¿ **Y a ti** ?
> シー メ グスタ　　イ ア ティ
> うん、好きだよ。君は？

>> ワンポイント 『¿ Y a ti (te gusta) ?』（君は？）に対する答えは『A mí también (me gusta).』（私も好きです）など

¿ **Le gustan** las manzanas ?
レ グスタン ラス マンサーナス

（あなたは）りんごが好きですか？

> 答え方 **Me gustan** pero prefiero los kiwis.
> メ グスタン ペロ プレフィエロ ロス キーウイス
> 好きですが、キウイのほうが好きです。

¿ **Te gusto** yo ?
テ グスト ジョ

私のことが好きなの？

> ワンポイント 「好きなもの」が『yo（私）』なので、gustar動詞は一人称単数。

> 答え方 **La verdad, no me gustas** mucho.
> ラ ベルダー ノ メ グスタス ムーチョ
> 実は（私は）君のことがあまり好きじゃないんだ。

> ワンポイント 「あまり好きではないもの」が『tú（君）』なので、gustar動詞は二人称単数。『la verdad』実は／はっきり言うと

¿ **Te gusta** viajar ?
テ グスタ ビアハール

（君は）旅することが好き？

23 〜をいただきたいのですが

Querría 〜

基本フレーズ

Querría un vaso de agua por favor.
(ケリーア ウン バソ デ アグア ポル ファボール)
水を一杯いただきたいのですが。

こんなときに使おう!
レストランで水をもらいたいときに…

『querría』は、『querer(のぞむ/ほしい)』の直説法過去未来で、願望/希望を謙虚に表現するときに使います。丁寧な表現(＝I would like to［英］)です。

基本パターン

Querría ＋ 名詞 .

Querría ＋ 動詞の原形 .

querer動詞の活用

	直説法過去未来
Yo (私)	querría
Tú (君)	querrías
Él / Ella / Usted (彼/彼女/あなた)	querría
Nosotros / Nosotras (私たち/私たち(全員女性))	querríamos
Vosotros / Vosotras (君たち/君たち(全員女性))	querríais
Ellos / Ellas / Ustedes (彼ら/彼女たち/あなたたち)	qerrían

~をいただきたいのですが／Querría ～

基本パターンで言ってみよう!

Querría comprar este libro.
ケリーア　コンプラール　エステ　リーブロ

（私は）この本を買いたいのですが。

ワンポイント 『quiero comprar（買いたい）』より丁寧な表現です。

Querría ver esta película.
ケリーア　ベール　エスタ　ペリークラ

この映画を観たいのですが。

¿ Querrías venir con nosotros?
ケリーアス　ベニール　コン　ノソトロス

（君は）私たちと一緒に来てもらえないかな？

¿ Qué querría hacer ahora?
ケ　ケリーア　アセール　アオラ

（あなたは）今（これから）何をされたいのでしょうか？

Querría un café con leche por favor.
ケリーア　ウン　カフェ　コン　レチェ　ポル　ファボール

（できれば／問題なければ）（私は）カフェラテをいただきたいのですが。

Querríamos una habitación doble para 3 noches por favor.
ケリアモス　ウナ　アビタシオン　ドーブレ　パラ トレス ノーチェス　ポル ファボール

（私たちは）ダブルルーム一室を3泊お願いしたいのですが。

Querría reservar una habitación para el 17 de agosto.
ケリーア　レセルバール　ウナ　アビタシオン　パラ　エルディエシシエテ　デ　アゴスト

8月17日に一室予約したいのですが。

Ⅱ 使える！頻出パターン51

24 ～しよう

Vamos a ～

基本フレーズ

Vamos.（バモス）
行こう。

こんなときに使おう！
どこかへ行こうと相手を誘うときに…

　『Vamos.』はir動詞「行く」の直説法現在一人称複数で、これが相手に対する誘いの言葉として単独で使われた場合には、「行こう」（＝Let's go.［英］）の意味になります。

　「行こう」の意味で使う場合には『vamos』のみで、他の動詞は不要です。『vamos』の後に『a＋場所』をつけると「～へ行こう」（＝Let's go to ～［英］）、『a＋動詞の原形』をつけると「～しよう」（＝Let's ～［英］）になります。

●基本パターン●

| Vamos | ＋ | a | ＋ | 名詞（場所）／動詞の原形 | ． |

　より丁寧に「～しましょう」と表現するときには、接続法現在一人称複数を使います。これはスペイン語の特徴的な表現方法です。

接続法現在一人称複数

	ar動詞 estudiar（勉強する）	er動詞 comer（食べる）	ir動詞 vivir（住む／生きる）
Nosotros / Nosotras 私たち／私たち（全員女性）	estudiemos	comamos	vivamos

～しよう／Vamos a ～

基本パターンで言ってみよう!

Vamos al cine.
バモス アル シネ
映画館へ行こうよ。

Vayamos al karaoke.
バジャモス アル カラオケ
カラオケに行きましょう。

> ワンポイント 『vayamos』はir動詞の接続法現在一人称複数。

¿ Por qué no **vamos a** comer algo ?
ポル ケ ノ バモス ア コメール アルゴ
何か食べに行きましょうか？

> ワンポイント 『¿Por qué no ～ ?』（=Why don't we ～ ?［英］）は相手の気持ちを尊重しながら誘うニュアンス。

Esforcémonos un poco más.
エスフォルセモノス ウン ポコ マス
もうちょっと頑張りましょう（努力しましょう）。

> ワンポイント 『esforcémonos』は不規則動詞『esforzarse（努力する／頑張る）』の接続法現在一人称複数。活用によって『esforcemos』と動詞の原形のzがcに変わり、再帰動詞『nos』は命令形なので最後につけます。

Comamos juntos, ¿ vale ?
コマモス フントス バレ
一緒に食べましょう、いいですか？

> ワンポイント 『¿ vale ?』いいですか？／よろしいですか？
> 相手に同意を求めるときの慣用的な言い方です。

Vamos a hablar con ellos.
バモス ア アブラール コン エジョス
彼らと話しましょうよ。

Esperemos un poco.
エスペレモス ウン ポコ
少し待ちましょう。

II 使える！頻出パターン51

119

25 ～だと思うよ①

pienso que ～

基本フレーズ

ピエンソ　ケ　エス　バラト
Pienso que es barato.
安いと思うよ。

こんなときに使おう！
品物の値段について意見を聞かれたときに…

『pienso que～』は、「（私は）～だと思う」という表現です。『pensar』には、「考える／思う」などの意味があり、自分の意見を言うときに使います。

●基本パターン●

主語 ＋ pensar動詞 ＋ que ．

pensar動詞の不規則活用	直説法現在	直説法点過去
Yo（私）	pienso	pensé
Tú（君）	piensas	pensaste
Él / Ella / Usted 彼／彼女／あなた	piensa	pensó
Nosotros / Nosotras 私たち／私たち（全員女性）	pensamos	pensamos
Vosotros / Vosotras 君たち／君たち（全員女性）	pensáis	pensasteis
Ellos / Ellas / Ustedes 彼ら／彼女たち／あなたたち	piensan	pensaron

~だと思うよ①／pienso que ~

基本パターンで言ってみよう!

Pienso que es justo.
正しいと思う。

> ワンポイント 『justo』正しい／公平な／公正な（＝fair［英］）

¿ Qué piensas de esto ?
これについて（君は）どう思う？

Pienso que es mentira.
ウソだと思う。

> ワンポイント 『mentira』ウソ

Pienso que no deberías ir.
（君は）行かないほうがいいと思う。

Pienso que no es tan difícil.
そんなに難しくないと思うけど。

Ellos piensan que no podemos ganar.
彼らは（私たちは）勝てないと思っている。

> ワンポイント 『ganar』勝つ

¿ Qué pensaste en aquel momento ?
あのときにどんなことを考えた？

121

26 ～だと思うよ②

creo que ～

基本フレーズ

クレオ　ケ　エル　ティエネ　ラソン
Creo que él tiene razón.
彼が正しいと思う。

こんなときに使おう！
正しいかどうか判断を求められたときに…

『creo que～』もまた、「（私は）～だと思う」という表現です。『pensar動詞＋que ～』と同じように使えますが、『creer』には「信じる／思う」などの意味があるため、『pensar』に比べるとより直感的な思いを表現するのに適しています。

●基本パターン●

主語 ＋ creer動詞 ＋ que ＋ (él tiene razón).

不規則動詞の活用

Yo (私)		
Tú (君)		
Él / Ella / Usted 彼／彼女／あなた		
Nosotros / Nosotras 私たち／私たち (全員女性)		
Vosotros / Vosotras 君たち／君たち (全員女性)		
Ellos / Ellas / Ustedes 彼ら／彼女たち／あなたたち		

直説法現在	直説法点過去
creo	creí
crees	creíste
cree	creyó
creemos	creímos
creéis	creísteis
creen	creyeron

肯定形「～と思う」では、『que』で導かれる文の動詞は直説法ですが、否定形「～と思わない」では接続法になります。

～だと思うよ②／creo que ～

基本パターンで言ってみよう!

Creo que es cierto.
クレオ ケ エス シエルト

本当だと思う。

> ワンポイント 『cierto』確かな／確実な／事実の

Creí que era cierto.
クレイ ケ エラ シエルト

本当だ（った）と思った。

> ワンポイント 『creí』creerの点過去（一人称単数）、『era』serの線過去（三人称単数）

No creo que sea cierto.
ノ クレオ ケ セア シエルト

本当だと思わない。

> ワンポイント 『sea』serの接続法現在（三人称単数）

No creí que fuera cierto.
ノ クレイ ケ フエラ シエルト

本当だ（った）と思わなかった。

> ワンポイント 『fuera』serの接続法過去（三人称単数）

Creo que él ya sabe la verdad.
クレオ ケ エル ジャ サベ ラ ベルダー

彼はもう事実を知っていると（私は）思います。

No creo que tú lo puedas comprender.
ノ クレオ ケ トゥ ロ プエダス コンプレンデール

君がそれを理解できると（私は）思わない。

> ワンポイント 『comprender』理解する、『puedas』poderの接続法現在（二人称単数）

¿ Qué crees que estarás haciendo en el futuro ?
ケ クレエス ケ エスタラス アシェンド エン エル フトゥーロ

将来（君は）何をしていると思うの？（何をしているつもりなの？）

27 〜だと思うよ③

Me parece 〜

基本フレーズ

メ　パレセ　ウナ　イデア　エストゥペンダ
Me parece una idea estupenda.
すばらしいアイデアだと思う。

こんなときに使おう！
アイデアの感想を求められたときに…

　『Me parece〜』もまた、「（私は）〜だと思う」という表現です。『parecer』には「〜のように思われる／〜らしい」の意味があるため、先の2つの表現に比べると自分の印象に基づく考えや判断などを述べるのに適しています。gustar動詞と同じ使い方なので、間接目的人称代名詞『me / te / le / nos / os / les』が意味上の主語になります。

基本パターン

間接目的人称代名詞 ＋ parecer（直説法現在三人称単数）＋ 名詞／形容詞／副詞．

間接目的人称代名詞 ＋ parecer（直説法現在三人称単数）＋ que ＋ 動詞（直説法）．

～だと思うよ③／Me parece ～

基本パターンで言ってみよう!

¿ Qué le parece ?
(ケ レ パレセ)

どう思う？

> ワンポイント　意見を聞くときに使います。

Me parece bien.
(メ パレセ ビエン)

いいと思う。

> ワンポイント　(⇔『Me parece mal.』よくないと思う)

Eso a mí me parece una tontería.
(エソ ア ミ メ パレセ ウナ トンテリーア)

それは私にとってばかげたことだと思う。

> ワンポイント　『tontería』ばかげたこと／つまらないこと／おろかなこと

No me parece gran cosa.
(ノ メ パレセ グラン コサ)

（私には）大したこととは思えない。

> ワンポイント　『gran cosa』大したこと／重要なこと

¿ Qué te ha parecido la serie ?
(ケ テ ア パレシード ラ セリエ)

ドラマはどう感じましたか？

> ワンポイント　『la serie』ドラマ

Me ha parecido muy interesante.
(メ ア パレシード ムイ インテレサンテ)

（私には）とても面白く（興味深く）感じました。

Me parece que ella no va a venir.
(メ パレセ ケ エジャ ノ バ ア ベニール)

（私は）彼女は来ないと思います。

> ワンポイント　『me parece que＋直説法』のパターン。

28 〜だといいな

espero que 〜

基本フレーズ

Espero que te guste.
エスペロ ケ テ グステ
気に入ってもらえるといいのですが。

こんなときに使おう！
プレゼントを渡すときに…

　『espero que〜』は、「〜だといいな」「〜を期待している」「〜を望んでいる」という願望を表す表現です。目的語にあたる動作（願望の内容）はそうなることがはっきりしない不確定の事柄なので、動詞には接続法が用いられます。一方、「その可能性が高い」あるいは「それを予定している」というニュアンスが強い場合には、『Espero＋動詞の原形』で表現することができます。主語は省略されることがよくあります。

基本パターン

主語 ＋ esperar動詞 ＋ que ＋ 動詞（接続法）．

~だといいな／espero que ~

基本パターンで言ってみよう!

Espero que se recupere usted pronto.
（エスペロ ケ セ レクペレ ウステー プロント）

早く健康を取り戻せるといいですね。

ワンポイント 『recuperarse』回復する

Eso espero.
（エソ エスペロ）

そうだといいね（そう願っています）。

ワンポイント 『eso』それ／そのこと

Espero que ella pueda aprobar el examen.
（エスペロ ケ エジャ プエダ アプロバール エル エクサメン）

彼女が試験に合格できるように期待している。

ワンポイント 不確定の事柄なので接続法を使います。

Espero sacar el contrato.
（エスペロ サカール エル コントラト）

私は明日（きっと問題なく）契約を取れると思う。

ワンポイント 確実性が高いので『espero＋動詞の原形』で表現されています。

Espero ganar sin problemas.
（エスペロ ガナル シン プロブレーマス）

（私は）問題なく勝てると思っている。

ワンポイント 確実性が高いので『espero＋動詞の原形』で表現されています。

Espero que haga buen tiempo mañana.
（エスペロ ケ アガ ブエン ティエンポ マニャーナ）

明日はいい天気だといいね。

29 前は〜だったよ

antes (solía) 〜

基本フレーズ

アンテス　ソリア　フマール
Antes solía fumar.
前はよくタバコを吸っていたものです。

こんなときに使おう！
「タバコを吸いますか？」と聞かれて…

『 主語 + soler動詞（直説法線過去）+ 動詞の原形 』は、「 主語 は以前〜していた」（= used to〜［英］）という表現です。「今は違うけれど、前は〜だった」と言いたいときに使います。他にもsolerを使わずに『 主語 + antes（以前に）+ 直説法線過去 』の構文を使って、過去に習慣的にしていたことを表現することができます。

●基本パターン1●

主語 + antes + solía + 動詞の原形 .

●基本パターン2●

主語 + antes + 動詞(線過去) ,
(pero + ahora + no + 動詞(現在)).

例：Yo antes fumaba, pero ahora no fumo.
　　（私は前にタバコを吸っていましたが、今は吸いません）

128

前は〜だったよ／antes (solía) 〜

基本パターンで言ってみよう！

Antes llevaba el pelo largo.
前は髪の毛が長かった。

> ワンポイント 『el pelo』髪の毛。『llevar』の他に『tener』の線過去『tenía』または、『dejar-se』の線過去『me dejaba』も使えます。

Antes solía correr todas las mañanas.
前は毎朝（習慣的に）ジョギングをしていた。

> ワンポイント 『correr』走る

Antes vivía con mis padres.
前は両親と暮らしていた。

Cuando estaba en la universidad iba a muchas fiestas.
大学の頃はたくさんのパーティへ行っていた。

Antes comía carne, pero ahora soy vegetariana.
前は肉を食べていたが、今は菜食主義です。

> ワンポイント 「前」（線過去）が「今」（現在形）パターン。

No solía viajar mucho hasta que empecé este trabajo.
この仕事を始めるまでは旅行をあまりしていなかった。

> ワンポイント 〜する（点過去）までは…だった（線過去）のパターン。

No lo sabía hasta que tú me lo dijiste.
君が言ってくれるまで（私は）それを知らなかった。

> ワンポイント 〜する（点過去）までは…だった（線過去）のパターン。

30 ～させて

Déjame ～

基本フレーズ

Déjame ayudar.
(デハメ アユダール)
手伝わせて。

こんなときに使おう!
手伝ってあげたいときに…

　『déjame＋動詞の原形』は、「私に～させて」(= let me ～ ［英］) と相手に許可を求める表現です。

　動詞『dejar (～させておく／～するがままにさせる／～するのを妨げない)』の命令形二人称単数『deja』に直接目的語「～に／～を」と動詞の原形をつけた構文ですが、「～させてください」と丁寧に言いたいときには命令形三人称単数『deje』を使います。

基本パターン1

Déjame / Déjeme ＋ 動詞の原形 ．

～させて／Déjame～

基本パターンで言ってみよう!

Déjame hablar.
デハメ アブラール

私に言わせてくれ。

> ワンポイント （＝Let me talk.［英］）

Déjame pasar (por aquí).
デハメ パサール ポル アキー

私に（ここを）通らせてくれ。

Deja a los niños jugar.
デハ ア ロス ニーニョス フガール

子供たちを遊ばせておけ。

> ワンポイント （＝Let the kids play.［英］）

Déjeme hacerlo a mi manera por favor.
デハメ アセールロ ア ミ マネラ ポル ファボール

私の好きなように（私のやり方で）させてください。

Déjame en paz.
デハメ エン パーズ

そっとしておいてくれ。

> ワンポイント 『paz』平和／安心／平安

Déjame darte un consejo.
デハメ ダルテ ウン コンセホ

一言忠告をさせてください。

> ワンポイント （＝Let me give you a piece of advice.［英］）

¿ Me deja abrir la ventana ?
メ デハ アブリール ラ ベンターナ

窓を開けさせてもらえますか？

II 使える！頻出パターン51

31 〜をありがとう

Gracias por 〜

基本フレーズ

グラシアス　ポル　アユダールメ
Gracias por ayudarme.
手伝ってくれてありがとう。

こんなときに使おう！
手伝ってくれた相手にお礼を言いたいときに…

　『gracias』の意味は「ありがとう」ですが、「〜をありがとう」とお礼や感謝の内容を具体的に表す場合には、『Gracias por 〜』となります。『por』は理由や原因を示す前置詞です。
　感謝の気持ちを表す表現としては、他に次のようなものがあります。

Muchas gracias（por〜）．
（［〜を］どうもありがとう）

Te doy las gracias（por〜）．
（君に［〜の］お礼を言います）

Le estoy muy agradecido（por〜）．
（［〜を］していただいてあなたにとても感謝しています）

Te agradezco que＋主語＋動詞（接続法）．
（［〜を］してくれて君に感謝しています）

●基本パターン●

Gracias por ＋ 動詞の原形／名詞 ．

~をありがとう／Gracias por ~

基本パターンで言ってみよう!

グラシアス ポル エル コレオ エレクトローニコ
Gracias por el correo electrónico.

Eメールをありがとう。

> ワンポイント　英語の『email』も通じます。

グラシアス ポル ス オピニオン
Gracias por su opinión.

ご意見をありがとうございました。

グラシアス ポル エル レガロ
Gracias por el regalo.

プレゼントありがとう。

> ワンポイント　『regalo』プレゼント

グラシアス ポル ナダ
Gracias por nada.

ありがとう、何もしてくれなくて。

> ワンポイント　頼みごとを聞いてもらえなかったときに皮肉を込めて言う言葉です。

グラシアス ポル ベニール タン ラピド
Gracias por venir tan rápido.

そんなに急いで来てくれてありがとう。

> ワンポイント　『rápido』速く ≠ 『pronto / temprano』早く

グラシアス ポル ノ デシールレ ナダ ア ナディエ
Gracias por no decirle nada a nadie.

誰にも何も言わないで（秘密を守って）いてくれてありがとう。

> ワンポイント　『nada』何も（ない）、『nadie』誰も（ない）、『decir-le』三人称単数（彼／彼女／誰か）に言う。

II 使える！頻出パターン51

133

32 〜してごめんね

Lo siento por 〜

基本フレーズ

ロ　シエント　ポル　ジェガール　タルデ
Lo siento por llegar tarde.
遅れてごめんね。

こんなときに使おう！
待ち合わせ時間に遅れたときに…

『Lo siento por ＋ 動詞の原形 』は、「〜してごめんね」という表現です。申し訳なく思っている気持ちを表したいときに使います。単に「ごめんなさい」「すみません」と言いたいときには、『Lo siento.』です。

基本パターン

Lo siento por ＋ 動詞の原形 .

~してごめんね／Lo siento por ~

基本パターンで言ってみよう！

Lo siento por molestar.

お邪魔してすみません。

ワンポイント　『molestar』邪魔をする／迷惑をかける

Lo siento por haberte hecho esperar.

待たせてすみません。

ワンポイント　（＝Sorry for keep you waiting.［英］）

Lo siento por haberme ido antes.

先に帰ってしまってごめんね。

Lo siento mucho por no haberte llamado.

連絡しなくて非常に申し訳ない。

Lo siento por no ser de mucha ayuda.

あまり役に立てなくてすみません。

ワンポイント　『ser de ayuda』役立つ／助けになる

Lo siento, lo he olvidado.

ごめんなさい、忘れてしまいました。

Lo siento, la semana que viene no tengo tiempo.

ごめんなさい、来週は時間がありません。

33 ～じゃない？

¿ No es ～ ?

基本フレーズ

¿ **No es** un poco difícil ?
ノ エス ウン ポコ ディフィシル
ちょっと難しすぎない？

こんなときに使おう！
相手が挑戦しようとしていることを心配して…

『¿ No es ～ ?』は、日本語の「～じゃない（の）？」という表現にあたります。また、すでにはっきり分かっていることを強調して述べるときにも使います。程度を表す言葉が形容詞の前に置かれることもあります。

基本パターン

¿ **No es** ＋ （程度を表す言葉） ＋ 形容詞 ？

136

～じゃない？／¿ No es ～？

基本パターンで言ってみよう！

¿ **No es** guapo ?
ノ エス グアポ

彼すてき（イケメン）じゃない？

> ワンポイント 『guapo (-a)』美しい／きれいな（＝good looking［英］）

¿ **No es** preciosa ?
ノ エス プレシオサ

彼女きれいじゃない？

> ワンポイント 『precioso (-a)』美しい／すばらしい（＝precious／beautiful／gorgeous［英］）。

¿ **No es** un poco peligroso ?
ノ エス ウン ポコ ペリグロソ

ちょっと危険じゃない？

¿ **No es** demasiado caro ?
ノ エス デマシアド カロ

高すぎるんじゃないの？

¿ **No es** esto tuyo ?
ノ エス エスト トゥージョ

これは君のものじゃないの？

¿ **No es** lo normal ?
ノ エス ロ ノルマル

普通のことじゃないの？

> ワンポイント 『normal』普通の／正常な、『lo normal』当たり前／当然のこと

¿ **No es** algo aburrida la película ?
ノ エス アルゴ アブリーダ ラ ペリークラ

その映画はちょっとつまらなくない？

> ワンポイント 『aburrido (-a)』退屈な／うんざりする（＝boring［英］）

34 〜わけではない

No es que 〜

基本フレーズ

No es que sea gratis.
ノ エス ケ セア グラティス

無料というわけではないよ。

こんなときに使おう！
相手に理由を説明するときに…

『No es que＋動詞（接続法）』は、「（〜ではないが、だからといって）〜でもない／〜なわけではない」という表現です。断定せずに婉曲的に言いたいときに使います。『No se puede decir que＋動詞（接続法）』も同じように使うことができます。

基本パターン

No es que ＋ 動詞（接続法）．

No se puede decir que ＋ 動詞（接続法）．

婉曲的表現：No se puede decir que sea un genio.（天才とは言えない）
　　　　　　No es que sea un genio.（天才というわけではない）
断定的表現：No tiene talento alguno.（才能なんてまったくない）

～わけではない／No es que ～

基本パターンで言ってみよう!

No es que yo lo sepa en realidad.

実際に私が知っているわけではない。

> ワンポイント 『sepa』は『saber（知る）』の接続法現在一人称単数。

No es que sea caro ni nada.

高いとかなんとかいうわけではない。

> ワンポイント 文を続けるなら『pero no voy a comprarlo（でも買うつもりはない）』のような表現を続けます。

No es que ella dijera que quiere venir.

彼女が来たいと言ったわけではないけれど。

Tampoco es que me guste la idea, pero no hay remedio.

その考えが気に入っているわけではないが、しかたない。

> ワンポイント 『tampoco（〜でもない）』は『no』の代わりに使われています。

No es que sea el mejor cocinero del mundo, pero se le da bien.

（彼は）世界一の料理人ではないが、腕はある。

> ワンポイント 『cocinero (-a)』料理人

No he querido decir nada pero **tampoco es que** lo haya olvidado.

何も言いたくなかったのですが、忘れたわけでもありません。

> ワンポイント 『olvidar』忘れる

35 そんなに～じゃないよ

No es tan ～

基本フレーズ

No es tan sencillo.
（ノ エス タン センシージョ）
そんなに簡単じゃないよ。

こんなときに使おう!
難しいことを頼まれて…

『No es tan～』は、「そんなに～じゃない」という表現です。『tan』は程度を示し、「そんな」「それぐらい」「それほど」の意味です。『No es tan～como…』の『como』は同等比較を表し、「…ほど～ではない」の意味になります。

基本パターン

No es tan / No está tan ＋ 形容詞 ＋ (como ～).

そんなに～じゃないよ／No es tan ～

基本パターンで言ってみよう!

No es tan difícil.

そんなに難しくないよ。

No es tan caro, ¿ por qué no lo compras ?

そんなに高くないよ、買ったらどう？（何で買わないの？）

> ワンポイント　パターン20参照

No es tan alto como parece.

見た目ほど高くないよ。

> ワンポイント　『parecer』（～のように）見える／思われる／～のようである

Esa casa no es tan grande como la que vimos ayer.

その家は昨日（私たちが）見た（家）よりも大きくない。

No es tan interesante como me habían dicho.

言われたほど面白くないよ。

> ワンポイント　『interesante』面白い／興味深い

No está tan bueno como pensaba.

思ったよりおいしくないよ。

> ワンポイント　『ser bueno』おいしい／良い

36 〜すぎるよ

demasiado 〜

基本フレーズ

Está demasiado salado.
エスタ　デマシアード　サラード

しょっぱすぎるよ。

こんなときに使おう！
料理が塩辛かったときに…

『demasiado〜』は、「あまりにも／過度に／必要以上に」などの意味を持つ副詞で、「〜すぎる」と表現したいときに使います。形容詞として使われる場合には、それが修飾する名詞の性と数に応じて語尾が『demasiad-o / -a / -os / -as』と変化します。

基本パターン

動詞 ＋ demasiado ＋ 名詞／形容詞．

~すぎるよ／demasiado~

基本パターンで言ってみよう!

Es demasiado caro.
（値段が）高すぎるよ。

Hay demasiada gente.
人が多すぎるよ。

Los niños ven demasiada televisión.
子供たちはテレビを観すぎだよ。

> ワンポイント 『ven demasiado la televisión』でも同じです。

Hablas demasiado rápido.
（君は）話し方が速すぎるよ。

Eres demasiado inteligente.
（君は）頭が良すぎる。

Está demasiado lejos para ir andando.
歩いていくには遠すぎるよ。

Hay demasiadas cosas que aún no me has contado.
話してもらっていないことがまだたくさんある。

> ワンポイント 『aún』まだ

37 ～はずです

debe (de) ～

基本フレーズ

Él debe estar muy cansado.
(エル デベ エスタール ムイ カンサード)
彼はとても疲れているはずです。

こんなときに使おう！
今起こっていることや予定を推測するときに…

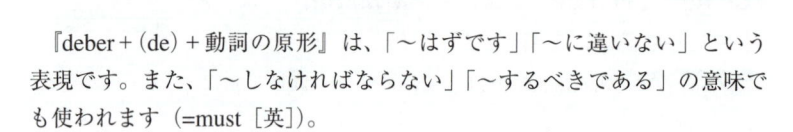

『deber + (de) + 動詞の原形』は、「～はずです」「～に違いない」という表現です。また、「～しなければならない」「～するべきである」の意味でも使われます（=must［英］）。

基本パターン

主語 ＋ deber動詞 ＋ (de) ＋ 動詞の原形 .

主語 ＋ deber動詞 ＋ (de) ＋ ser ＋ 形容詞 .

主語のない『No se debe + 動詞の原形』は、「一般的にしてはいけない」「するべきではない」ことを表現するために使われます。

Yo no debo hablar en clase.（主語あり）
（私は教室でおしゃべりをするべきではない）
No se debe hablar en clase.（主語なし）
（［誰でも］教室でおしゃべりをしてはいけない／教室はおしゃべりをする場所ではない）

~はずです／debe (de) ~

基本パターンで言ってみよう!

Debe de ser caro.

高いはずです。

> ワンポイント 『de』は省略してもよい。

Debe haber llegado ya.

もう着いたはずだ。

Ellos **deben de** vivir cerca de aquí.

彼らはこの近くに住んでいるはずです。

> ワンポイント 『cerca de~』 ~の近く

A esta hora las tiendas **deben** estar llenas.

この時期には店（複数）は混んでいるはずです。

> ワンポイント 『lleno / -a (s)』 いっぱいの／満ちた

No **debe** haber salido aún.

まだ出発していないはずです。

No se debe hablar mal de otras personas.

他人について悪く言ってはいけない。

Debe de estar mal de la cabeza si cree que puede ganarme.

私に勝てると思っているとすれば、頭がおかしいとしか思えない。

> ワンポイント 『estar mal de la cabeza』 頭がおかしい

38 ～するはずでした

debía (de) ～

基本フレーズ

Yo debía de verla la semana pasada.
(ヨ デビア デ ベールラ ラ セマーナ パサーダ)
先週、彼女に会うはずでした。

こんなときに使おう！
彼女と会う予定だったのに、会えなかったときに…

deber動詞の線過去を使う『debía (de) ～』は、「～するはずだった」という表現です。予定や計画していたことが実現しなかった過去の状況について述べるときに使います。deber動詞は主語によって変化します。

基本パターン

主語 ＋ deber動詞（直説法線過去） ＋ 動詞の原形 .

Tú debías haber comido ya.
（君はもう食べたはずだった）
Debías haber estudiado más.
（君はもっと勉強するはずだった）

～するはずでした／debía (de) ～

基本パターンで言ってみよう!

El debía haber llegado en el avión de esta mañana.

彼は今朝の飛行機で着くはずでした。

> ワンポイント 『avión』飛行機

Yo debía haber vuelto a mi país al graduarme.

私は卒業して帰国するはずでした。

> ワンポイント 『graduarse』卒業する

Debíamos haber salido a las 7.

(私たちは) 7時に出るはずだった (7時に出たほうがよかった)。

El paquete debía de haberte llegado ayer.

荷物は昨日 (君に) 届くはず (予定) だった。

> ワンポイント 『haber-te』の『te』は間接目的語「君に」を表します。

Ellos debían haber vuelto más temprano.

彼らはもっと早く戻るはずだった。

> ワンポイント 『volver』帰る／戻る

Ella no debía haber venido hasta la semana que viene.

彼女は来週までは来るはずではなかった。

> ワンポイント 『la semana que viene』来週

39 〜かもしれない①

Puede que 〜

基本フレーズ

プエデ ケ ノ バジャ
Puede que no vaya.
行かないかもしれない。

こんなときに使おう!
状況によっては今後どうなるかわからないときに…

『Puede que + 主語 + 動詞 』は、「 主語 は〜かもしれない」と推測する表現で、確信が持てないときに使います。「もしかしたら」という仮定のニュアンスが含まれているので、動詞には接続法が使われます。多くの場合、主語は省略されます。

基本パターン

Puede que + （主語） + 動詞（接続法）.

Puede ser que + （主語） + 動詞（接続法）.

Podría ser que + （主語） + 動詞（接続法）.

〜かもしれない①／Puede que 〜

基本パターンで言ってみよう!

Puede que venga o puede que no.
来るかもしれない、来ないかもしれない。

Puede que trabaje esta noche.
今夜、仕事があるかも。

> ワンポイント 『trabaje』は『trabajar（働く）』の接続法現在一人称／三人称単数。

Puede que llueva mañana.
明日、雨が降るかもしれない。

> ワンポイント 『llover（雨が降る）』は三人称単数のみで、無主語で使われます。

Puede ser.
そうかもしれないね。

> ワンポイント （＝maybe［英］）

Puede ser que él no lo sepa.
彼は（それを）知らないかもしれない。

> ワンポイント 『sepa』は『saber（知る）』の接続法現在三人称単数。

Puede ser que ellos no lo supiesen.
彼らは知らなかったかもしれない。

> ワンポイント 『supiesen』は『saber（知る）』の接続法過去三人称複数。

¿Podría ser que te lo hubieras imaginado?
（それは）気のせい（君の想像）ではなかったの？

> ワンポイント 『imaginar-se』想像する／推測する／思う

40 〜かもしれない②

Quizá(s) 〜

基本フレーズ

キサス ノ プエダ イール
Quizás no pueda ir.
行けないかもしれない。

こんなときに使おう！
状況によっては今後どうなるかわからないときに…

『Quizá(s) 〜』は、「〜かもしれない」と推測する表現で、確信が持てないときに使います（＝perhaps［英］）。推測の表現は他にも『Es posible que 〜（〜の可能性がある）』があります。パターン39の『Puede que 〜』と同じ意味です。

基本パターン

Quizá(s) ＋ （主語） ＋ 動詞（接続法）．

Es posible que ＋ （主語） ＋ 動詞（接続法）．

〜かもしれない②／Quizá(s)〜

基本パターンで言ってみよう!

Quizás otro día, ¿ vale ?
（キサス オトロ ディア バレ）

たぶん別の日に、それでいい？

> ワンポイント 『¿ vale ?』いいですか？／よろしいですか？ ≠ 『¡vale!』オーケー／もう十分

Quizás sea así.
（キサス セア アシー）

そう（その通り）かもしれないね。

Quizás venga, quizás no (venga).
（キサス ベンガ キサス ノ (ベンガ)）

来るかもしれない、来ないかもしれない。

> ワンポイント （＝might come, might not come［英］）

Quizás todavía haya una manera de ganar.
（キサス トダビア アヤ ウナ マネラ デ ガナール）

何かまだ勝つ方法があるかも。

> ワンポイント 『manera』方法／やり方

Es posible.
（エス ポシブレ）

そうかもしれないね（その可能性があるね）。

> ワンポイント （＝it's possible［英］）

Es posible que ya esté de camino aquí.
（エス ポシブレ ケ ジャ エステ デ カミーノ アキー）

もう彼はこっちに向かってるかもよ。

> ワンポイント 『estar de camino』途中にある／途中にいる

II 使える！頻出パターン51

151

41 ～すべきだよ

deberías ～

基本フレーズ

Deberías llamarle.
デベリアス　ジャマールレ

彼に電話すべきだよ。

こんなときに使おう！
よかれと思うことを相手に強く勧めたいときに…

『 主語 ＋deber動詞（過去未来）＋ 動詞の原形 』は、「 主語 は～すべきだ」という表現です。人に何かを強く勧めるときや、アドバイスをするときに使います。

基本パターン

（主語） ＋ deber動詞（過去未来） ＋ 動詞の原形 ．

deber動詞の活用

	過去未来
Yo（私）	debería
Tú（君）	deberías
Él / Ella / Usted 彼／彼女／あなた	debería
Nosotros / Nosotras 私たち／私たち（全員女性）	deberíamos
Vosotros / Vosotras 君たち／君たち（全員女性）	deberíais
Ellos / Ellas / Ustedes 彼ら／彼女たち／あなたたち	deberían

～すべきだよ／deberías～

基本パターンで言ってみよう!

Deberías dejar de fumar.
タバコをやめるべきだよ。

Deberías creerme.
私（の言ったこと）を信じるべきです。

ワンポイント （＝You should believe me.［英］）

Deberías confiar en mí.
私を信じる（信頼する）べきです。

ワンポイント （＝You should trust me.［英］）

Deberías pedirle perdón.
彼に謝るべきだよ。

ワンポイント 『pedir perdón』謝る

No deberías beber si vas a conducir.
運転するならお酒を飲むべきじゃないよ。

ワンポイント 『conducir』運転する

No debería haberlo hecho.
（私／彼／彼女／あなたは）（それを）するべきじゃなかった（しなくてよかった）。

Deberíamos volver lo antes posible.
（私たちは）できるだけ早く戻るべきだ。

ワンポイント 『lo antes posible』できるだけ早く

153

42 いくら〜しても

Por mucho que 〜

基本フレーズ

ポル　ムーチョ　ケ　ラ　ジャメ　ノ　メ　レスポンデ
Por mucho que la llame no me responde.
いくら電話しても出ないよ。

こんなときに使おう！
忙しくて不在がちな人へ電話するときに…

『Por mucho que〜』は、「いくら〜しても」という表現です。

基本パターン

Por mucho que ＋ （主語） ＋ 動詞（接続法）．

Por muy ＋ 形容詞 ＋ que ＋ ser / estar動詞（接続法）．

接続法現在

	ser動詞	ester動詞
Yo（私）	sea	esté
Tú（君）	seas	estés
Él / Ella / Usted 彼／彼女／あなた	sea	esté
Nosotros / Nosotras 私たち／私たち（全員女性）	seamos	estemos
Vosotros / Vosotras 君たち／君たち（全員女性）	seáis	estéis
Ellos / Ellas / Ustedes 彼ら／彼女たち／あなたたち	sean	estén

いくら～しても／Por mucho que ～

基本パターンで言ってみよう!

Por mucho que él busque trabajo no encuentra nada.

いくら彼が仕事を探しても何も見つからない。

> ワンポイント 『busque』は『buscar（探す）』の接続法現在三人称単数。

Por mucho que corra no podrá escapar.

いくら走っても逃げることはできない。

> ワンポイント 『corra』は『correr（走る）』の接続法現在一人称／三人称単数。

Por mucho que trabaje no me hago rico.

いくら働いても（私は）金持ちになれない。

> ワンポイント 『rico』金持ち

Por mucho que te guste no es buen actor.

いくら君が（彼を）好きでも、（彼は）いい俳優ではない。

> ワンポイント 『actor』俳優、『actriz』女優

Por muy barato que sea no quiero comprarlo.

いくら安くても（私は）買いたくない。

Por muy cansado que estés tenemos que irnos.

いくら（君が）疲れていても（もう）私たちは行かなければならない。

> ワンポイント 『ir-se』立ち去る／出る／帰る

Por muy inteligente que sea no quiero hablar con él.

いくら（彼が）頭のいい人でも彼と話したくない。

> ワンポイント 『inteligente』頭の良い／知的な

43 〜のはずがない

No es posible que 〜

基本フレーズ

No es posible que sea verdad.
（ノ エス ポシブレ ケ セア ベルダー）
本当のはずがない。

こんなときに使おう！
信じられない気持ちを表すときに…

『No es posible que ＋ 主語 ＋ 動詞 』は、「 主語 は〜のはずがない」という表現です。『Es imposible que〜』も同じように使えます。

基本パターン

No es posible que ＋ 動詞（接続法）．

Es imposible que ＋ 動詞（接続法）．

No puedo creer que ＋ 動詞（接続法）．

No puede ser ＋ 名詞／形容詞．

～のはずがない／No es posible que ～

基本パターンで言ってみよう!

No es posible que ella lo sepa.

彼女がそれを知っているはずがないわ。

No es posible que vaya.

行くはずがないよ。

No es posible que vayas a casarte con él.

（彼女は）彼と結婚するはずがないよ。

Es imposible que ella esté enamorada de ti.

（彼女が）あなたのことを好きになるはずがないよ。

> ワンポイント 『enamorar-se』恋に落ちる（＝fall in love ［英］）

No puede ser tan sencillo.

そんな簡単なはずがないよ。

> ワンポイント 『sencillo』簡単な／単純な／平易な

No puedo creer que no pueda.

（彼／彼女／あなたが）できないことが私は信じられない。

> ワンポイント 『creer』信じる

44 〜に違いない

Seguro que 〜

基本フレーズ

Seguro que tienes hambre.
セグーロ　ケ　ティエネス　アンブレ

お腹がすいているに違いないね。

こんなときに使おう！
食事をしていないという相手に…

『Seguro que ＋ 主語 ＋ 動詞 』は、「 主語 は〜に違いない」という表現です。『seguro』には、「確実な／疑いのない」という意味があるので、確実性の高い、確信をもって言える事柄を伝えるときに使います。

また、『Probablemente＋動詞（接続法）』を用いれば、事実である確率は下がり、「きっと／おそらく〜だろう」の意味になります。

基本パターン

Seguro que ＋ 主語 ＋ 動詞（直説法）．

Probablemente ＋ 動詞（接続法）．

〜に違いない／Seguro que 〜

基本パターンで言ってみよう!

セグーロ　ケ　エスタス　カンサード
Seguro que estás cansado.

君（男性）はきっと疲れているに違いない。

セグーロ　ケ　エル　エスタ　ムイ　オクパード
Seguro que él está muy ocupado.

彼はきっとすごく忙しいに違いない。

セグーロ　ケ　エル　デベ　エスタール　ムイ　オクパード
Seguro que él debe estar muy ocupado.

彼はきっと忙しいはずだよ。

セグーロ　ケ　エスタ　エキボカード
Seguro que está equivocado.

きっと間違っているに違いないよ。

> ワンポイント 『equivocar (-se)』間違える

セグーロ　ケ　エジャ　マンティエネ　ス　プロメサ
Seguro que ella mantiene su promesa.

絶対、彼女は約束を守るよ。

> ワンポイント 『mantener』保つ／守る／維持する

セグーロ　ケ　エス　シエルト
Seguro que es cierto.

（それは）本当に違いないよ。

プロバブレメンテ　セア　シエルト
Probablemente sea cierto.

おそらく本当でしょう。

> ワンポイント 上の文より確信性が低い。

45 ～してください

Por favor ＋ 動詞（命令形）

基本フレーズ

Por favor siéntese.
（ポル　ファボール　シエンテセ）
どうぞ、おかけください。

こんなときに使おう！
来客を待たせるとき、とりあえず座ってもらうときに…

『Por favor＋動詞（命令形）』は、「どうぞ～してください」という表現で、肯定命令と呼ばれます。por favorを動詞のあとにつけることもできます。

肯定命令では、相手がusted（あまり親しくない相手／目上の人／ビジネスシーンなど）の場合は接続法現在三人称単数、tú（親しい相手／目下の人／打ち解けた雰囲気など）では、直説法現在三人称単数（規則動詞の場合：例外的な形をとる動詞もある）が命令形になります。

基本パターン

Por favor ＋ 動詞（命令形）．

肯定命令

	ar動詞 hablar (話す)	er動詞 comer (食べる)	ir動詞 vivir (住む/生きる)	不規則動詞 ir (行く) / venir (来る)	
Tú（君）	habla	come	vive	ve	ven
Usted（あなた）	hable	coma	viva	vaya	venga
Vosotros / Vosotras 君たち／君たち（全員女性）	hablad	comed	vivid	id	venid
Ustedes（あなたたち）	hablen	coman	vivan	vayan	vengan

～してください／Por favor＋動詞（命令形）

基本パターンで言ってみよう!

Por favor venga mañana.
ポル　ファボール　ベンガ　マニャーナ

どうぞ明日お出掛けになってください。

> **ワンポイント**　『Venga mañana, por favor.』の語順でもよい。

Por favor quítense los zapatos.
ポル　ファボール　キテンセ　ロス　ザパトス

靴をお脱ぎください。

> **ワンポイント**　『quitar-se』は「脱ぐ」。命令形では再帰代名詞も目的語の代名詞も後ろにつきます。例：『Dámelo』「（それを）(私に) くれ」、『Díselo』「（それを）（彼に）言え」

Por favor cállese ya ha hablado demasiado.
ポル　ファボール　カジェセ　ジャ　ア　アブラード　デマシアード

どうかお黙りください。（あなたは）お話ししすぎです。

Por favor cállate ya has hablado demasiado.
ポル　ファボール　カジャテ　ジャ　アス　アブラード　デマシアード

黙ってちょうだい。（君は）しゃべりすぎだわ。

Por favor cállate no puedo oír lo que dice Pedro.
ポル　ファボール　カジャテ　ノ　プエド　オイール　ロ　ケ　ディセ　ペドロ

静かにして。ペドロさんの言うことが聞こえないよ。

Por favor cállese no puedo oír lo que dice Alba.
ポル　ファボール　カジェセ　ノ　プエド　オイール　ロ　ケ　ディセ　アルバ

お静かになさってください。アルバさんの言うことが聞こえません。

Ⅱ 使える！ 頻出パターン51

46 〜しないで

No ＋ 動詞（命令形）

基本フレーズ

ノ テ バジャス
No te vayas.
行かないで！

こんなときに使おう！

ここに残ってほしい相手に…

『No＋動詞（命令形）』は、「〜しないで」という表現で、否定命令と呼ばれます。否定命令では、命令形は、ustedの場合は肯定形と同じですが、túでは接続法二人称単数となります。

por favorを文頭または文末に置き、丁寧な表現にすることができます。

基本パターン

No ＋ 動詞（命令形） ．

否定命令

	ar動詞 hablar （話す）	er動詞 comer （食べる）	ir動詞 vivir （住む／生きる）	不規則動詞 ir（行く）／venir（来る）	
Tú（君）	No hables	No comas	No vivas	No vayas	No vengas
Usted（あなた）	No hable	No coma	No viva	No vaya	No venga
Vosotros / Vosotras 君たち／君たち（全員女性）	No habléis	No comáis	No viváis	No vayáis	No vengáis
Ustedes（あなたたち）	No hablen	No coman	No vivan	No vayan	No vengan

下線で示されているのが肯定命令と活用が異なるもの

～しないで／No＋動詞（命令形）

基本パターンで言ってみよう!

No te preocupes.

心配しないで。

> ワンポイント 『preucupar-se』 心配する

No se lo diga a nadie por favor.

（あなたは）誰にもそのことを言わないでください。

> ワンポイント 『nadie』 誰（で／に）も（〜ない）

No se lo digas a nadie por favor.

（君は）誰にも言わないで。お願い。

No llores.

泣かないで。

> ワンポイント 『llorar』 泣く

No venga tarde nunca más.

もう二度と遅刻しないで。

> ワンポイント 『nunca más』 もう二度と〜ない

No me toques.

私に触らないで。

No diga nada más por favor.

もう（何も）言わないでください。

> ワンポイント 『nada más』 もう何も〜ない

47 ～してもいい？①

¿ Te importa si ～ ?

基本フレーズ

¿ **Te importa si** me siento aquí ?
（テ インポルタ シ メ シエント アキー）
ここに座ってもいい？

こんなときに使おう！
空いている席に座りたいときに…

『¿ Te importa si ＋ 主語 ＋ 動詞 ?』は、「～してもいい？」「～しても大丈夫？」「～して構わない？」と相手（二人称代名詞：親しい相手／目下の相手など）に許可を求める表現です。ustedが相手の場合は、『¿ Le importa si ?』と三人称代名詞を使います。

また、『¿ Está bien si ＋ 主語 ＋ 動詞 ?』も許可を求める文ですが、一方的に要望を示しているニュアンスが強いので注意しましょう。

●基本パターン●

¿ Te / Le ＋ importa si ＋ 主語 ＋ 動詞 ?

¿ Está bien si ＋ 主語 ＋ 動詞 ?

答え方　No, no me importa.（いいえ、構いませんよ）
　　　　No, adelante.（いいえ、いいですよ）
　　　　Si (me importa), lo siento.
　　　　（すみません／申し訳ありませんがご遠慮ください）

～してもいい？①／¿ Te importa si ～?

基本パターンで言ってみよう!

¿ **Te importa si** te llamo mañana ?
明日（君に）電話してもいい？

¿ **Te importa si** lo uso un momento ?
ちょっと（それを）使ってもいい？

ワンポイント 『un momento』一瞬／ちょっと／少し（の間）

¿ **Te importa si** uso tu (teléfono) móvil ?
君の携帯電話をちょっと使ってもいい？

¿ **Le importa si** hago un cambio en el pedido ?
注文を変更してもいいですか？

ワンポイント 『cambio』変化／変更

¿ **Le importa si** lo compruebo ?
確認してもよろしいでしょうか？

ワンポイント 『comprobar』確認する

¿ **Está bien** así ?
これでいいですか？

¿ **Te importa** venir un momento ?
ちょっと来てくれるかい？

ワンポイント 『¿ Te / Le importa＋動詞の原形 ?』は「～してくれる？／～してもらってもかまいませんか?」と、人に何かを頼みたいときによく使われる表現。

48 〜してもいい？②

¿ Te importaría si 〜 ?

基本フレーズ

レ インポルタリア シ デスカンソ オイ
¿ Le importaría si descanso hoy ?
今日は休ませていただいてよろしいでしょうか？

こんなときに使おう！
急な用事ができて、休ませてもらいたいときに…

『¿ Te importaría si + 主語 + 動詞 ?』は、「〜してもいいでしょうか？」という表現です。『importar』が過去未来なので、直説法を使う場合よりも丁寧になり、頼みづらいことなどを依頼するときに使えます。『si』で導かれる文の動詞は直説法現在または接続法過去になりますが、後者はより謙虚な印象を与えます。

基本パターン

¿ Te / Le + importaría si + 主語 + 動詞 ?

¿ Te / Le + importaría si + 動詞の原形 + 動詞 ?

答え方　No me importaría en absoluto.
（全くかまいません／もちろん）

~してもいい？②／¿ Te importaría si ~ ?

基本パターンで言ってみよう!

¿ **Le importaría si** fumo aquí ?
ここでタバコを吸ってもよろしいでしょうか？

¿ **Le importaría si** abro la ventana ?
窓を開けてもよろしいでしょうか？

> ワンポイント 『abrir』開ける

¿ **Te importaría si** te pidiera un favor ?
お願いしてもいいでしょうか？

> ワンポイント 『pedir』頼む／求める。接続法過去の『pidiera』を使うと謙虚な表現になります。

¿ **Le importaría si** hablo un momento con su hijo ?
あなたの息子さんとちょっと話をしてもよろしいでしょうか？

¿ **Le importaría** no hablar con mi hija ?
私の娘と話をしないでもらえませんか？

¿ **Le importaría** abrir la ventana ?
窓を開けていただけませんか？

¿ **Te importaría** prestarme 10 Euros ?
10ユーロ貸してもらえますか？

> ワンポイント 『prestar』貸す／借りる

49 〜していただけませんか？

¿ Podría 〜 ?

基本フレーズ

ポドリア　ウステー　アブラール　ウン　ポコ　マス　デスパーシオ
¿ **Podría** usted hablar un poco más despacio ?
（もう少し）ゆっくり話していただけませんか？

こんなときに使おう！
相手の言っていることが速くて聞き取れないときに…

『¿ Poder動詞＋（主語）＋動詞の原形 ?』は、「〜していただけませんか？」「〜をお願いできますか？」という表現です。『podría』は『poder』の過去未来で、主語によって変化します。相手に許可を求めたり何かを依頼するときの丁寧な言い方です。

答え方　Si, como no!（はい、もちろんです）
　　　　　Lo siento pero no.（すみませんができません）

●基本パターン●

¿ **Poder動詞** ＋ **（主語）** ＋ **動詞の原形** ?

poder動詞の不規則活用

	過去未来
Yo（私）	pod**ría**
Tú（君）	pod**rías**
Él / Ella / Usted（彼／彼女／あなた）	pod**ría**
Nosotros / Nosotras（私たち／私たち（全員女性））	pod**ríamos**
Vosotros / Vosotras（君たち／君たち（全員女性））	pod**ríais**
Ellos / Ellas / Ustedes（彼ら／彼女たち／あなたたち）	pod**rían**

～していただけませんか？／¿ Podría ～?

基本パターンで言ってみよう!

¿ **Podría** (usted) decírmelo otra vez ?
ポドリア　（ウステー）　デシールメロ　オトラ　ベス

もう一度、言っていただけませんか？

> ワンポイント 『decírmelo』（それを）（私に）言う

¿ **Podría** (yo) decírselo otra vez ?
ポドリア　（ジョ）　デシールセロ　オトラ　ベス

もう一度、（私に）言わせていただけませんか？

> ワンポイント 『decírselo』（それを）（彼／彼女／あなたに）言う

¿ **Podría** dejármelo (un poco) más barato ?
ポドリア　デハールメロ　（ウン　ポコ）　マス　バラト

（もう少し）安くしていただけませんか？

> ワンポイント 『un poco』少し

¿ **Podrías** ayudarme ?
ポドリアス　アユダールメ

手伝ってもらえませんか？

> ワンポイント 『ayudar』手伝う

¿ **Podrían** (ustedes) presentarse ?
ポドリアン　（ウステデス）　プレセンタールセ

自己紹介していただけませんか？

> ワンポイント 『presentar』紹介する、『presentar-se』自己紹介する

¿ **Podrías** recomendarme una tienda ?
ポドリアス　レコメンダールメ　ウナ　ティエンダ

おすすめの店を教えていただけませんか？

> ワンポイント 『tienda』スーパーなどの販売店、『bar』居酒屋や軽食の店、『restaurante』レストラン（ファストフードは含まれない）、『cafetería』喫茶店

¿ **No podríamos** ir todos juntos ?
ノ　ポドリアモス　イール　トドス　フントス

（私たち）皆で一緒に行かれませんか？

169

50 ～が必要です

necesito ～

基本フレーズ

Necesito tu ayuda.
ネセシート トゥ アユーダ
君の助けが必要なんだ。

こんなときに使おう！
助けを求めたいときに…

『主語 + necesitar動詞 ～』（＝主語＋need～［英]）は、「主語 は～が必要だ」という表現です。必要とするものを名詞か動詞の原形で表します。
　また、「(他人に)～してもらうことが必要だ」は、『主語A + necesitar動詞 + que + 主語B +動詞（接続法）』の形になります。

基本パターン

主語 ＋ necesitar動詞 ．

主語A ＋ necesitar動詞 ＋ que ＋ 主語B ＋ 動詞（接続法）．

necesitar動詞の活用

	現在	線過去	未来
Yo（私）	necesito	necesitaba	necesitaré
Tú（君）	necesitas	necesitabas	necesitarás
Él / Ella / Usted 彼／彼女／あなた	necesita	necesitaba	necesitará
Nosotros / Nosotras 私たち／私たち（全員女性）	necesitamos	necesitábamos	necesitaremos
Vosotros / Vosotras 君たち／君たち（全員女性）	necesitáis	necesitabais	necesitaréis
Ellos / Ellas / Ustedes 彼ら／彼女たち／あなたたち	necesitan	necesitaban	necesitarán

~が必要です／necesito ~

基本パターンで言ってみよう!

Necesito dinero.
（私は）お金が必要なんだ。

> ワンポイント 『dinero』お金

Necesito descansar.
（私は）休暇が必要なんだ（休まなければならない）。

> ワンポイント 『descansar』休む

Te necesito.
（私は）君が必要だ。

> ワンポイント （＝I need you.［英］）

¿ Qué necesitas ?
（君は）何が必要ですか？

> ワンポイント （＝What do you need ?［英］）

Mañana necesitaré el coche.
明日（私は）車が必要です。

Necesitamos que vengas más temprano.
（私たちは）（君に）もっと早く来てもらわなければならない。

> ワンポイント 『vengas』venirの接続法現在（二人称単数）

No necesitaba que tú me lo dijeras.
（私には）君の忠告は必要なかった。

> ワンポイント 『necesitaba』necesitarの線過去（一人称／三人称単数）
> 『dijeras』decirの接続法過去（二人称単数）

51 どんな〜？

¿ Qué tipo de 〜 ?

基本フレーズ

¿ **Qué tipo de** persona es él ?
(ケ ティポ デ ペルソーナ エス エル)
彼はどんな（タイプの）人？

こんなときに使おう！
性格や人柄について聞きたいときに…

『¿ Qué tipo de〜 + 主語 ?』は、「 主語 はどんな〜？」と尋ねる表現です。英語の『What kind of〜？ / What sort of〜？（どんな種類の〜？）』に相当します。

『¿ Qué clase de〜 + 主語 ?』も同じように使われます。

●基本パターン●

¿ Qué tipo de ＋ 名詞 ＋ 動詞 ＋ 主語 ?

¿ Qué clase de ＋ 名詞 ＋ 動詞 ＋ 主語 ?

どんな〜？／¿ Qué tipo de 〜 ?

基本パターンで言ってみよう!

¿ **Qué tipo de** canciones te gustan ?
ケ ティポ デ カンシオネス テ グスタン

（君は）どんな歌が好きなの？

> ワンポイント 『canción』歌

¿ **Qué tipo de** mujeres les gustan a los hombres ?
ケ ティポ デ ムヘーレス レス グスタン ア ロス オンブレス

男性はどんな（タイプの）女性が好みですか？

¿ **Qué tipo de** película quieres ver ?
ケ ティポ デ ペリークラ キエレス ベール

（君は）どんな映画を観たい？

> ワンポイント 『película』映画

¿ **Qué tipo de** coche quieres comprar ?
ケ ティポ デ コチェ キエレス コンプラール

（君は）どんな車を買いたい？

> ワンポイント 『comprar』買う

¿ **Qué clase de** productos tienen éxito ?
ケ クラセ デ プロドゥクトス ティエネン エクシト

最近どんな商品が人気ですか？

> ワンポイント 『producto』商品、『tener éxito』人気がある／流行っている

¿ **En qué clase de** escuela están estudiando ?
エン ケ クラセ デ エスクエラ エスタン エストゥディアンド

（彼らは）どんな学校で勉強していますか？

> ワンポイント 『escuela』学校

52 よく〜するの?

¿ 〜 a menudo ?

基本フレーズ

オス ベイス ア メヌード
¿ Os veis a menudo ?
あなたたちはよく会うの？

こんなときに使おう！
仲が良さそうな人たちに…

『¿ 〜a menudo ?』は「よく〜するの？」と頻度を尋ねる表現です。『a menudo』は英語の『often』に相当します。質問のときだけでなく、「よく〜します」と言うときにも使います。『a menudo』の代わりに『mucho』も使えます。

●基本パターン●

¿ （主語） ＋ 動詞 ＋ a menudo ?

⚠ これも知っておこう！ ——頻度を表す言葉

Voy todos los días.	（私は）毎日行きます。
Voy muchísimo.	（私は）ほぼ毎日行きます。
Voy muy a menudo.	（私は）とてもよく行きます。
Voy mucho. / Voy a menudo.	（私は）よく／しばしば行きます。
Voy a veces. / Voy algunas veces.	（私は）時々行きます。
Voy de vez en cuando.	（私は）たまに行きます。
No voy mucho. / No voy muy a menudo.	（私は）あまり行きません。
No voy casi nunca.	（私は）ほとんど行きません。

よく〜するの？／¿ 〜 a menudo ?

基本パターンで言ってみよう!

バス アル シネ ア メヌード
¿ Vas al cine a menudo ?

よく映画を観に行くの？

ワンポイント 『cine』映画館

サレス デ ビアヘ ア メヌード
¿ Sales de viaje a menudo ?

よく旅に出るの？

ワンポイント 『viaje』旅行／旅

ビエネス ムーチョ ア トウキョウ
¿ Vienes mucho a Tokyo ?

よく東京に来るの？

テ レトラサス ア メヌード
¿ Te retrasas a menudo ?

よく遅刻するの？

ワンポイント 『retrasar-se』遅れる

ウサス インテルネット ア メヌード
¿ Usas Internet a menudo ?

よくインターネットを使うの？

コメス アキー ア メヌード
¿ Comes aquí a menudo ?

よくここで食べるの？

175

53 ～そうだね①

Parece ～

基本フレーズ

Parece delicioso.
（パレセ　デリシオソ）
おいしそう。

こんなときに使おう！
目の前においしそうな食べ物があるときに…

　『Parece＋形容詞』は、「～そうだね／～のようだ／～みたい」という表現です。自分で判断して感じたことや受けた印象を述べるときに使います。parecer動詞「～のように見える／～のように思われる」の形は主語によって変化します。

基本パターン

Parecer動詞 ＋ 形容詞．

parecer動詞の不規則活用

	現在	線過去
Yo（私）	parezco	parecía
Tú（君）	pareces	parecías
Él / Ella / Usted 彼／彼女／あなた	parece	parecía
Nosotros / Nosotras 私たち／私たち（全員女性）	parecemos	parecíamos
Vosotros / Vosotras 君たち／君たち（全員女性）	parecéis	parecíais
Ellos / Ellas / Ustedes 彼ら／彼女たち／あなたたち	parecen	parecían

176

～そうだね①／Parece～

基本パターンで言ってみよう!

Parece difícil.
（パレセ ディフィシル）

難しそう。

Esos zapatos, parecen nuevos.
（エソス サパトス パレセン ヌエボス）

それらの靴、新しそうだね。

> ワンポイント 『zapatos（靴）』は、2つで1足なので複数扱い。

Parecen muy pobres.
（パレセン ムイ ポブレス）

（彼らは）とても貧しそう。

> ワンポイント 『pobre』貧乏／貧しい／乏しい

Pareces tonto.
（パレセス トント）

（君は）ばかみたい。

Ellos parecían perdidos.
（エジョス パレシアン ペルディードス）

彼らは道に迷っているようだった。

> ワンポイント 『perdido』迷った／失った（＝lost［英］）

No parecía tan difícil como había pensado.
（ノ パレシア タン ディフィシル コモ アビア ペンサード）

思ったほど難しそうではなかった。

No parece muy interesante.
（ノ パレセ ムイ インテレサンテ）

あまり面白くなさそう。

Ⅱ 使える！頻出パターン51

54 〜そうだね②

Parece que 〜

基本フレーズ

Parece que va a llover.
（パレセ ケ バ ア ジョベール）
雨が降りそう。

こんなときに使おう!
雲行きがあやしいときに…

『Parece que ＋（主語）＋ 動詞』は、パターン53の『parece ＋ 形容詞』と同じく、「〜そうだね／〜のようだ／〜みたい」という表現です。

●基本パターン●

Parece que ＋（主語）＋ 動詞.

『parecer』には「〜のように思われる」という意味があるため、自分の意見、考え、判断などを述べる状況では次のように使われます。

質　問　¿ Qué le parece el nuevo edificio ?
　　　　（新しいビルをどう思いますか？）
　　　　『le』=『a usted』「あなたにとって」

答え方　Me parece muy bonito.（とてもきれいだと思います）
　　　　『me』=『a mí』「私にとって」

質　問　¿ Qué te parece la idea ?
　　　　（[その／この] 意見をどう思いますか？）
　　　　『te』=『a ti』「君にとって」

~そうだね②／Parece que ~

答え方　Me parece bien.（いいと思います）
　　　　No me parece bien. / Me parece mal.（いいと思わない）

基本パターンで言ってみよう!

Parece que ellos no van a poder venir.
彼らは来られなさそうです。

Parece que ya es tarde para apuntarse.
申し込みするにはもう遅いみたい。

Parece que él va a casarse.
彼は結婚するみたい。

Parece que el ordenador está averiado.
パソコンが壊れているみたい。

ワンポイント　『averiado』故障した／破損した

¿ Qué le parece la comida de aquí ?
ここの料理を（あなたは）どう思いますか？

¿ Qué te parece si vamos al cine después ?
あとで映画館へ行くというのは（君は）どう（思う）かな？

Me parece estupendo.
すごいい（考えだ）と思う。

55 ～によるよ

depende de ～

基本フレーズ

Depende de las circunstancias.
デペンデ　デ　ラス　シルクンスタンシアス

それは状況によるよ。

こんなときに使おう！
時と場合によって、予定が変わるかもしれないときに…

『depende de ＋ 名詞』は、「～によるよ」という表現で、何かが物事や人に左右される状況で使われます。また、「～に依存する」「～に頼る」などの意味でも使われます。depender動詞の形は主語によって変化します。

基本パターン

（主語） ＋ depender de ＋ 名詞 ．

depender動詞の活用

	現在	線過去
Yo（私）	dependo	dependía
Tú（君）	dependes	dependías
Él / Ella / Usted 彼／彼女／あなた	depende	dependía
Nosotros / Nosotras 私たち／私たち（全員女性）	dependemos	dependíamos
Vosotros / Vosotras 君たち／君たち（全員女性）	dependéis	dependíais
Ellos / Ellas / Ustedes 彼ら／彼女たち／あなたたち	dependen	dependían

~によるよ／depende de ~

基本パターンで言ってみよう!

Depende del tiempo que haga.
天気によるね。

> ワンポイント 『tiempo』時間／天気

Depende del tiempo que tengas.
君にどれだけ時間があるかによるよ。

Depende de las condiciones del contrato.
契約の条件によります。

Depende de lo que él diga.
彼の答え次第だね。

> ワンポイント 『diga』は『decir』の接続法現在一人称／三人称単数。

Su decisión dependía del resultado de la reunión.
（彼／彼女／あなたの）決断は会議の結果にかかっていた。

> ワンポイント 『reunión』集まり／会議／集い／ミーティング

(Nosotros) dependemos de nuestros proveedores.
（わが社は）私たちの供給者に頼っています。

> ワンポイント 『Nosotros』は「わが社／弊社」の意味もあります。

Dependía de sus padres hasta los 32.
彼は32歳まで両親に頼っていた。

> ワンポイント 『los（定冠詞）＋数字』で年令を表します。

181

56 〜ってこと？

¿ Quieres decir que 〜 ?

基本フレーズ

キエレス デシール ケ エセ エス メホール
¿ Quieres decir que ese es mejor ?
それのほうがいいってこと？

こんなときに使おう！
店員の説明に対して確認したいときに…

『¿ Quieres decir que 〜 ?』は、相手が言ったことを確認する表現です。

基本パターン

¿ **Quieres / Quiere** + **decir que** + **主語** + **動詞** ?

確認のためだけでなく、相手の言ったことがわからなかったときにも使えます。

¿ Qué quieres decir (con) 〜 ?
(〜とはどういうことなの？)

¿ Qué quiere usted decir exactamente ?
(正確には何とおっしゃいたいのですか？)

¿ Estás diciendo que 〜 ?
(君が言っているのは〜ということ？)

¿ A qué te refieres con 〜 ?
(〜とはつまりどういうことなの？)

〜ってこと？／¿ Quieres decir que 〜 ?

基本パターンで言ってみよう!

¿ **Quieres decir que** ella tiene razón ?

彼女が正しいってこと？

ワンポイント 『tener razón』正しい／もっともである

¿ **Quieres decir que** has roto con ella ?

彼女と別れたってこと？

ワンポイント 『romper con 〜（人）』絶交する／縁を切る

¿ **Quieres decir que** no has aprobado ?

不合格だったってこと？

ワンポイント 『aprobar』合格する

¿ **Quieres decir que** vas a volver a tu país ?

帰国するってこと？

¿ **Estás diciendo que** no quieres volver a verme ?

もう二度と（私に）会いたくないってこと？

ワンポイント 『volver a＋動詞の原形』〜をやり直す／再び〜する

¿ **Qué quieres decir con que** "no estás muy satisfecho" ?

「あまり満足していない」って、つまり何を言いたいの？

ワンポイント 『estar satisfecho-a（s）』満足している

57 ～に似ている

Se parece a ～

基本フレーズ

Se parece a ti.
（セ パレセ アティ）
君に似ているよ。

こんなときに使おう！
ある人が相手に似ているときに…

『Se parece a～』は、「～に似ている」という表現です。パターン54のparecer動詞「～のように見える」の再帰形です。

基本パターン

間接目的人称代名詞 ＋ parecer動詞（再帰形） ＋ a ．

parecer動詞の不規則活用

	現在	線過去
Yo（私）	parezco	parecía
Tú（君）	pareces	parecías
Él / Ella / Usted 彼／彼女／あなた	parece	parecía
Nosotros / Nosotras 私たち／私たち（全員女性）	parecemos	parecíamos
Vosotros / Vosotras 君たち／君たち（全員女性）	parecéis	parecíais
Ellos / Ellas / Ustedes 彼ら／彼女たち／あなたたち	parecen	parecían

~に似ている／Se parece a ~

基本パターンで言ってみよう!

No me parezco a nadie famoso.

（私は）有名人の誰にも似ていません。

> ワンポイント 『famoso-a (s)』有名な

Te pareces un montón a una cantante.

（君はある女性）歌手にすごく似ているよ。

> ワンポイント 『cantante』歌手

¿ A quién se parece él ?

彼は誰に似ているの？

Vosotras dos no os parecéis en nada.

君たち（女性）2人は全然似ていないね。

Ellos se parecen en la forma de pensar.

彼らは考え方が似ている。

Ella antes se parecía mucho a su madre.

以前、彼女は（彼女の）母親にとてもよく似ていた。

> ワンポイント 『madre』母親

Esta comida se parece un poco a un plato japonés.

この料理は（ある）日本料理にちょっと似ている。

> ワンポイント 『plato』皿／食器／料理／食品

II 使える！頻出パターン51

58 ～頑張って！

¡ Buena suerte con ～ !

基本フレーズ

ブエナ　　スエルテ　コン　エル　トラバホ
¡ **Buena suerte con** el trabajo !
仕事、頑張ってね！

こんなときに使おう！
仕事が忙しい人との別れ際に…

『¡ Buena suerte con～ !』は、「～を頑張って！／～の幸運を祈っています！」という表現です。

基本パターン

¡ Buena suerte con ＋ 名詞 !

¡ Que ＋ tenga / tengas ＋ suerte con ＋ 名詞 !

¡ Que ＋ te / le ＋ vaya ＋ bien ＋ 名詞 !

~頑張って！／¡ Buena suerte con ～!

基本パターンで言ってみよう!

¡ Buena suerte con el examen !
試験、頑張って！

¡ Buena suerte con los clientes !
お客様とうまくいくよう、頑張って！

¡ Buena suerte con el partido !
試合、頑張ってね！

¡ Que tenga suerte con la entrevista !
面接、頑張って！

¡ Que tengas suerte con el negocio !
仕事がうまくいきますように！

¡ Que te vaya bien todo !
すべてうまく行きますように！

59 〜おめでとう！

¡ Enhorabuena por 〜 !

基本フレーズ

¡ **Enhorabuena por** la boda !
エノラブエナ　ポル　ラ　ボダ
ご結婚おめでとう！

こんなときに使おう！
結婚した相手に祝福の言葉を贈るときに…

『¡ Enhorabuena por 〜 !』は、「〜おめでとう！」という表現です。
『¡ Enhorabuena !』だけでも使えます。
　誕生日など、特定の日を祝う場合には『¡ Feliz〜 !』が使われます。

基本パターン

¡ Enhorabuena por ＋ 名詞 ！

¡ Feliz ＋ 名詞 ！

〜おめでとう！／¡ Enhorabuena por 〜！

基本パターンで言ってみよう!

¡ Enhorabuena por el ascenso !

ご昇進おめでとう！

¡ Enhorabuena por el partido !

優勝おめでとう！

¡ Enhorabuena por el trabajo !

就職おめでとうございます！

¡ Feliz Año Nuevo !

新年おめでとうございます！

¡ Feliz cumpleaños !

お誕生日おめでとう！

¡ Feliz Navidad !

メリークリスマス！

60 何時に〜？

¿ A qué hora 〜 ?

基本フレーズ

¿ **A qué hora** empieza el concierto ?
（ア ケ オラ エンピエサ エル コンシエルト）
何時にコンサートは始まりますか？

こんなときに使おう！
イベントの開始時間を聞きたいときに…

『¿ A qué hora〜 ?』は、「何時に〜？」という表現です。

●基本パターン●

¿ A qué hora ＋ 動詞 ＋ （主語）？

『¿ A qué hora empieza el concierto ?』と聞かれたら、下記のように答えます。

A la una.（1時に）
（ア ラ ウナ）

A la una y media.（1時半に）
（ア ラ ウナ イ メディア）

A las dos.（2時に）※複数
（ア ラス ドス）

A las diez.（10時に）※複数
（ア ラス ディエス）

何時に〜？／¿ A qué hora 〜 ?

基本パターンで言ってみよう!

¿ **A qué hora** te levantas normalmente ?
（アケ オラ テ レバンタス ノルマルメンテ）

普段、（君は）何時に起きてるの？

> ワンポイント 『normalmente』普段は／いつもは／たいてい

¿ **A qué hora** vas al trabajo ?
（アケ オラ バス アル トラバホ）

（君は）何時に仕事に行くの？

¿ **A qué hora** llegaste a casa por la noche ?
（アケ オラ ジェガステ ア カサ ポル ラ ノーチェ）

（君は）昨夜は何時に家に着いたの？

> ワンポイント 『por la noche』夜に／夕方に

¿ **A qué hora** te acuestas ?
（アケ オラ テ アクエスタス）

（君は）何時に寝るの？

> ワンポイント 『acostar-se』寝る

¿ **A qué hora** saldremos ?
（アケ オラ サルドレモス）

何時に（私たちは）出かける（予定ですか）？

> ワンポイント 『saldremos』は『salir（出る／出かける）』の直説法未来一人称複数。

¿ **A qué hora** vas a volver ?
（アケ オラ バス ア ボルベール）

君は何時に帰ってくる（つもりな）の？

⚠ これも知っておこう！

【時刻の表し方】

<ラス ヌエベ>
las nueve
9時

<ラス ヌエベ イ シンコ（ミヌートス）>
las nueve y cinco （minutos）
9時5分

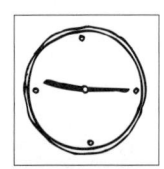

<ラス ヌエベ イ クアルト>
las nueve y cuarto
9時15分

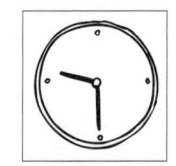

<ラス ヌエベ イ メディア>
las nueve y media
9時半

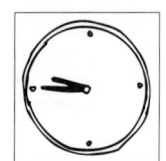

<ラス ディエス メノス クアルト>
las diez menos cuarto
10時15分前
（9時45分）

<ラス ディエス メノス ディエス>
las diez menos diez
10時10分前
（9時50分）

【時間の表し方】

<ウナ オラ>
una hora
1時間

<メディア オラ>
media hora
30分

<ドス オラス>
dos horas
2時間

<ディエス オラス>
diez horas
10時間

【いろいろな時刻の表現】

Son las nueve.
9時です。

Son las nueve de la mañana.
午前9時です。

Son las nueve en punto.
9時ちょうどです。

Son las nueve aproximadamente.
だいたい9時です。

Son casi las nueve.
もうすぐ9時です。

Son las nueve menos 〜.
9時〜分前です。

Son pasadas las nueve.
9時ちょっと過ぎです。

Son las doce del mediodía.
正午です。

Son las nueve de la noche.
午後9時です。

Son las doce de la noche.
午前0時です。

A las nueve de la mañana.
朝の9時に。

A las nueve de la mañana.
明日の9時に。

II 使える！頻出パターン51

61 〜するようにしているよ

intento 〜

基本フレーズ

イントent レバンタルメ テンプラーノ
Intento levantarme temprano.
早起きするようにしています。

こんなときに使おう！
習慣について聞かれたとき…

『intentar動詞 + 動詞の原形 』は、「〜するようにしている」「〜しようとしている」という表現です。心がけていること、取り組もうとしていることを話すときに使います。

『tratar動詞 + de + 動詞の原形 』「〜を試みる」「〜しようとする」も同じように使われます。

「現在は〜するようにしています」という表現は、『estar動詞 + 現在分詞』（進行形）（estar + intentando / tratando de）の形でよく使われます。

●基本パターン●

主語 ＋ intentar動詞 ＋ 動詞の原形 .

主語 ＋ tratar動詞 ＋ de ＋ 動詞の原形 .

～するようにしているよ／intento～

基本パターンで言ってみよう!

Estoy intentando acostarme temprano.
早く寝るようにしています。

Estoy intentando aprender español, pero es muy difícil.
スペイン語を学ぼうとしていますが、とても難しいです。

> ワンポイント 『aprender』学ぶ／習う

Estoy tratando de ahorrar.
お金を貯めるようにしています。

> ワンポイント 『ahorrar』貯金する／節約する

Estoy tratando de cambiar.
自分を変えようとしています。

> ワンポイント 『cambiar』変える／変わる

Estoy tratando de superar mis miedos.
（自分の）不安を克服しようとしています。

> ワンポイント 『superar』克服する／打ち勝つ

Trata de no hacer mucho ruido.
あまり音を立てないようにして。

> ワンポイント 『hacer ruido』音を立てる、『trata de ～』はtratarの命令形。

62 〜を楽しみにしているよ

estoy deseando 〜

基本フレーズ

Estoy deseando verte.
エストイ デセアンド ベルテ
会えるのを楽しみにしているね。

こんなときに使おう！
会う約束をした相手に…

『Estoy deseando ＋ 動詞の原形 』は、「私は〜を楽しみにしている」という表現です。動詞の原形の代わりに『que＋（主語）＋動詞（接続法）』の形でも使われます。

基本パターン

（主語）＋ estar deseando ＋ 動詞の原形 .

（主語）＋ estar deseando ＋ que ＋（主語）＋ 動詞（接続法）.

～を楽しみにしているよ／estoy deseando ～

基本パターンで言ってみよう!

Estoy deseando llegar.
エストイ デセアンド ジェガール

到着を楽しみにしているよ（早く着きたいよ）。

Estoy deseando visitar España.
エストイ デセアンド ビシタール エスパーニャ

スペインへの訪問を楽しみにしています。

Estoy deseando saber el resultado de su examen.
エストイ デセアンド サベール エル レスルタド デ ス エクサメン

私は彼女（彼）の試験の結果を（知ることを）楽しみにしている。

Estoy deseando que sea el cumpleaños del niño.
エストイ デセアンド ケ セア エル クンプレアーニョス デル ニーニョ

子供の誕生日を楽しみにしています。

Estoy deseando que llegue el domingo.
エストイ デセアンド ケ ジェゲ エル ドミンゴ

日曜日（が来るの）を楽しみにしているね。

Estamos deseando que te cases.
エスタモス デセアンド ケ テ カセス

（私たちは）君が結婚するのを楽しみにしているよ。

63 ～で困っているの

tengo problemas (con) ～

基本フレーズ♪

テンゴ　プロブレマス　コン　エル　オルデナドール
Tengo problemas con el ordenador.
パソコンで困っているの。

こんなときに使おう!
パソコンの調子が悪いときに…

『 主語 + tener動詞 + problemas (con) ～』は、「 主語 は～で困っている／（複数の）問題がある」という表現です。何か問題に直面しているときなどに使います。

基本パターン

主語 ＋ tener動詞 ＋ problemas (con) ＋ 名詞 .

tener動詞の不規則活用

	直説法現在	直説法点過去	接続法現在
Yo (私)	tengo	tuve	tenga
Tú (君)	tienes	tuviste	tengas
Él / Ella / Usted 彼／彼女／あなた	tiene	tuvo	tenga
Nosotros / Nosotras 私たち／私たち（全員女性）	tenemos	tuvimos	tengamos
Vosotros / Vosotras 君たち／君たち（全員女性）	tenéis	tuvisteis	tengáis
Ellos / Ellas / Ustedes 彼ら／彼女たち／あなたたち	tienen	tuvieron	tengas

~で困っているの／tengo problemas (con) ~

基本パターンで言ってみよう!

Tengo problemas.
（生活でいろいろ問題があって）困っているの。

Mi amiga tiene problemas.
私の友達（女性）が困っているの。

Tengo problemas económicos.
経済的に困っているの。

> ワンポイント 『económico-a (s)』経済的な

Tengo problemas con los estudios.
勉強のことで困っているの。

Tengo problemas en el trabajo.
仕事で困っているの。

> ワンポイント 『en el trabajo』職場で（＝at work［英］）

Ellos están teniendo problemas con las ventas.
彼らは販売のことで困っている（ところだ）。

> ワンポイント 『venta (s)』販売

64 〜なので…だ

Como 〜, …

基本フレーズ

コモ　テンゴ　トラバホ　ノ　ボイ　ア　ポデール イール
Como tengo trabajo, no voy a poder ir.
仕事があるので、行くことができないの。

こんなときに使おう！
出欠を聞かれて、行けないときに…

『Como + 文章A(理由) , 文章B(結果) 』は、「Aなので、Bだ」のように理由と結果（因果関係）を表す表現です。

基本パターン

Como ＋ 文章A(理由) , 文章B(結果) .

～なので…だ／Como ～, …

基本パターンで言ってみよう!

Como tengo hijos, no tengo mucho tiempo libre.
(私は) 子供 (たち) がいるので、あまり暇がない。

> ワンポイント 『tiempo libre』暇な時間

Como estaba aburrida, he ido a visitar a una amiga.
(私 [女性] は) 退屈だったから、友達 (女性) を訪ねました。

> ワンポイント 『estar aburrido-a』退屈している／うんざりしている

Como él no sabe la dirección, voy a ir yo en su lugar.
彼は住所が分からないので、私は彼の代わりに行く (つもりです)。

> ワンポイント 『en (mi / tu / su / nuestro(a) / vuestro(a) / su) lugar』～の代わりに／～の立場で

Como no había comida en casa, he salido a comer fuera.
家には食べ物がなかったので、(私は) 外に食べに行きました。

> ワンポイント 『comer fuera』外食する

Como no se lo decías, se lo he dicho yo.
(君が) (彼／彼女に) 言っていなかったので (私が) (もう) 言っておいたよ。

> ワンポイント 下の文と比べてみましょう。

Como no se lo digas, se lo voy a decir yo. Tú eliges.
(君が) (彼／彼女に) 言わないなら、(私は) 言う (つもり) よ。選ぶのは君だ。

> ワンポイント 『elegir』選ぶ

65 ～だから①

Porque ～

基本フレーズ

Porque tengo mucho trabajo.
ポルケ　テンゴ　ムーチョ　トラバホ
仕事がたくさんあるから。

こんなときに使おう!
参加できない理由を聞かれたときに…

『¿ Por qué～？（どうして？／なぜ？）』と理由を聞かれたとき、『Porque ～（～だから）』と答えます。

基本パターン

Porque ＋ 主語 ＋ 動詞（理由）．

文章A（結果）＋ porque ＋ 文章B（理由）．

~だから①／Porque～

基本パターンで言ってみよう!

¿ **Por qué** ha dejado él el trabajo ?

彼はどうして仕事を辞めたの？

> ワンポイント 『dejar el trabajo』仕事を辞める

Porque le caía mal el jefe.

上司が苦手だったから。

> ワンポイント 『caer mal（人）』（誰か）が苦手

¿ **Por qué** estás resfriado ?

なぜ風邪を引いたの？

> ワンポイント 『resfriado』風邪

Porque ayer salí sin abrigo.

昨日コートを着ないで出かけたから。

¿ **Por qué** has roto con ella ?

どうして彼女と別れたの？

Porque no nos llevábamos bien.

（私たちは）仲が良くなかったから。

> ワンポイント 『llevar-se bien (mal) con ～（人）』と仲が良い（悪い）

Estoy enfadada **porque** no me lo habías dicho.

そのことを私に言ってくれなかったから、私は怒っているのよ。

203

66 ～だから②

por eso ～

基本フレーズ

エストイ カンサーダ　ボル エソ　メ　エ　ケダード　エン カサ
Estoy cansada, por eso me he quedado en casa.
疲れたから、自宅にいたの。

こんなときに使おう！
出かける予定だったのに家にいる相手に…

『 文章A（理由） , por eso + 文章B（結果） 』は、「Aなので、Bだ」という表現で、理由を説明するときに使います。

●基本パターン●

文章A（理由） ,　por eso　+　文章B（結果） .

～だから②／por eso～

基本パターンで言ってみよう！

He estado fuera un par de semanas, por eso no lo sabía.

2週間も留守にしていたから、知らなかったよ。

> ワンポイント 『un par de』2つの／一対の

Él se ha esforzado más que nadie, por eso ha tenido éxito.

彼は誰よりも努力しているから、成功したんだよ。

> ワンポイント 『más que nadie～』誰よりも～

No tengo ni un céntimo, por eso no puedo beber.

（私は）一銭も持っていないから、飲めないよ。

> ワンポイント 『céntimo』1セント銅貨（100分の1ユーロ）

Tiene la presión baja, por eso no puede levantarse por la mañana.

（彼／彼女／あなたは）低血圧だから、朝起きられないんだよ。

He bebido, por eso no puedo conducir.

（私は）飲んでしまったから、運転ができない。

Sabía que te ibas a enfadar, por eso no te lo había dicho.

（私は）君がきっと怒ると思ったから、（君に）言っていなかったんだ。

> ワンポイント 『enfadar-se』怒る／腹を立てる

67 ～のとき

Cuando ～

基本フレーズ

クアンド サリ エスタ マニャーナ ノ エスタバ ジョビエンド
Cuando salí esta mañana, no estaba lloviendo.
今朝出かけたときには、雨は降っていなかったよ。

こんなときに使おう!
突然天気が変わったときに…

『Cuando + (主語) + 動詞 , …』は、「主語 が～するとき、…」という表現です。

● 基本パターン ●

Cuando + (主語) + 動詞 , 文章 .

！ これも知っておこう！ ──線過去と点過去の使い分け

線　Cuando volvía a casa～ ／ En el camino de vuelta a casa～
　　家に帰っていたときに～／家に帰る途中で～

点　Cuando volví a casa～
　　家に帰ったときに～（家に着いた途端に～）

線　Cuando trabajaba en la panadería, me levantaba muy temprano.
　　パン屋で働いていた頃には、とても早く起きていました。

点　Cuando trabajé en la panadería aprendí a preparar crema.
　　パン屋で働いたときに、クリームの作り方を習いました。

線　Cuando terminaba de ducharme me llamaron.
　　シャワーが終わる頃に、呼ばれました。

~のとき／Cuando ~

点 Cuando terminé de ducharme me llamaron.
シャワーを終えた途端に、呼ばれました。

基本パターンで言ってみよう!

Me gusta escuchar música cuando conduzco.
運転するときに、音楽を聴くのが好きだ。

Nunca estás cuando necesito ayuda.
助けがほしいとき、あなたはいつもいない。

Cuando la conocí, me cayó muy bien.
彼女と知り合ったとき、（性格が合って）とても気に入った。

> ワンポイント 『caer bien a~』（性格が合うなどで）~を気に入る

Cuando me metí en la bañera, mi amigo llamó a la puerta.
浴槽に浸かろうとしたとき、友達がドアをノックした。

> ワンポイント 『meterse』入る／入り込む

Cuando salgas, no te olvides de los documentos.
（君が）出かけるとき、書類を忘れないで。

> ワンポイント 『olvidar-se de ~』~を忘れる

Cuando era niña, era muy traviesa.
子供（女の子）の頃は、いたずらっ子だったのよ。

> ワンポイント 『niño (a)』子供

68 ～だって

He oído que ～

基本フレーズ

He oído que él está hospitalizado.
エ オイード ケ エル エスタ オスピタリサード
彼、入院しているんだって。

こんなときに使おう!
彼の近況を聞かれたとき…

『He oído que ～』は、「～だそうです」「～だって」という表現です。誰かに聞いた内容を伝えるのに使います。

一般に知られていることについては、『Por lo visto, ～（見たところ／おそらくは～らしい）』がよく使われます。また、情報発信者をはっきりさせたいときには、『Según ～（～によれば）』を使います。

●基本パターン●

He oído que ＋ 主語 ＋ 動詞 .

Por lo visto , 主語 ＋ 動詞 .

Según ～ , 主語 ＋ 動詞 .

～だって／He oído que ～

基本パターンで言ってみよう！

He oído que él es rico.

彼はお金持ちだそうよ。

> ワンポイント 『rico』金持ち

He oído que está usted muy ocupada ultimamente.

あなた（女性）は最近忙しいんだってね。

He oído que ella se ha casado.

彼女は結婚したって。

He oído que han abierto un restaurante nuevo.

新しいレストランが開店したらしいよ。

Por lo visto, la gasolina va a subir.

ガソリンが値上がりするって。

> ワンポイント 『subir』上がる／のぼる／値上がりする

Según la información meteorológica, mañana hará mucho frío.

天気予報によると、明日すごく寒くなるって。

> ワンポイント 『información meteorológica』『parte del tiempo』天気予報

69 もし〜なら

Si 〜

基本フレーズ

Si te gusta, te lo doy.
シ テ グスタ テ ロ ドイ
もし気に入ったなら、差し上げますよ。

こんなときに使おう！
相手が自分の持ち物に興味を示しているときに…

『si＋動詞（直説法現在），…』は、「もし〜ならば、…である」「もし〜ならば、…だろう」という、仮定／条件を表す表現です。

基本パターン

Si ＋ 主語 ＋ 動詞（直説法現在），

主語 ＋ 動詞（直説法現在／直説法未来／命令形）．

もし〜なら／Si 〜

基本パターンで言ってみよう!

Si llueve, se suspenderá el partido.
雨だったら、試合は中止になるだろう。

> ワンポイント 『partido』試合

Si tú no estás, yo no sabré que hacer.
君がいないと、私はどうしたらよいか分からない。

> ワンポイント 『saber que hacer』すべきことが分かっている

Si me toca la lotería, iré a España.
宝くじに当たったらスペインへ行くよ。

> ワンポイント 『lotería』宝くじ

Si tienes tiempo, ¿me arreglas el ordenador?
もし時間があったら、パソコンを修理してくれない？

> ワンポイント 『arreglar』修理する／整理する／調整する

Si apruebo el examen, mi madre se alegrará.
もし私が試験に合格したら、母は喜ぶでしょう。

> ワンポイント 『alegrarse』喜ぶ／嬉しがる

Si lo sabes, dímelo por favor.
（君が）もし知っているなら、言ってくださいよ。

70 〜が痛い

Me duele 〜

基本フレーズ

Me duele la cabeza.
メ ドゥエレ ラ カベサ
（私は）頭が痛い。

こんなときに使おう！
「大丈夫？」と聞かれて…

『Me duele〜』は、「私は〜が痛い」という表現です。『gustar』や『interesar』などと同様に、主語と間接目的語が逆になっています。

「頭が痛い」なら「頭」が主語で、動詞は三人称単数の『duele』です。

「肩が痛い」ならば、『los hombros（両肩）』は複数の主語なので、『Me duelen los hombros.』のように動詞も複数になります。

基本パターン

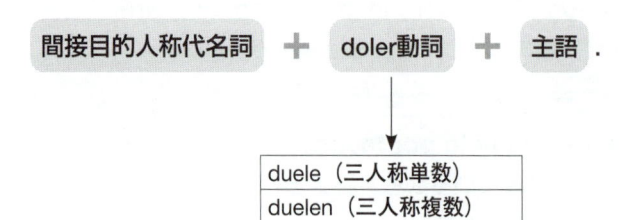

間接目的人称代名詞 ＋ doler動詞 ＋ 主語．

duele（三人称単数）
duelen（三人称複数）

~が痛い／Me duele ~

基本パターンで言ってみよう!

メ ドゥエレ エル コド イスキエルド
Me duele el codo izquierdo.

(私は) 左ひじが痛い。

> **ワンポイント** 『izquierdo (a)』左の（形容詞）、『izquierda』左（名詞）

メ ドゥエレ ラ ロディージャ デレチャ
Me duele la rodilla derecha.

(私は) 右ひざが痛い。

> **ワンポイント** 『derecho (a)』右の（形容詞）、『derecha』右（名詞）

テ ドゥエレ ラ ガルガンタ
¿ Te duele la garganta ?

(君は) 喉が痛いの？

ドンデ レ ドゥエレ
¿ Dónde le duele ?

(あなたは) どこが痛いですか？

ア エジョス レス ドゥエレ エル ビエントレ
A ellos les duele el vientre.

彼らは腹痛を起こしている。

ア エジャ レ ドゥエレン ロス ディエンテス
A ella le duelen los dientes.

彼女は歯が痛い。

これも知っておこう! ——体の部分の名称

ラ マノ
la mano（手）

エル ブラソ
el brazo（腕）

エル エストマゴ
el estómago（胃）

ラ ピエルナ
la pierna（足）

エル オホ
el ojo（目）

Ⅱ 使える！頻出パターン51

213

71 …の方が〜だ

動詞＋más＋形容詞／副詞＋que

基本フレーズ

Yo soy más alta que tú.
(ジョ ソイ マス アルタ ケ トゥ)

私は君より背が高いよ。

こんなときに使おう!
相手と背くらべをするときに…

『名詞A＋動詞＋más＋形容詞／副詞＋que＋名詞B』は、「AはBより〜だ」という比較を表す表現です。「AはBより〜でない」の場合は、『más』の代わりに『menos』（＝less than［英］）を使います。

また、『mejor（より良い）』『peor（より悪い）』は、英語のbetter, worseに相当します。

基本パターン

名詞A ＋ 動詞 ＋ más / menos ＋ 形容詞／副詞 ＋ que ＋ 名詞B ． (AはBより〜だ／〜でない)

比較級不規則形例:

スペイン語	日本語	英語相当語	スペイン語	日本語	英語相当語
mucho	多い	much	más	もっと	more
poco	少し	little	menos	より少ない	less
bueno	良い	good	mejor	より良い	better
malo	悪い	bad	peor	より悪い	worse
grande	大きい	large	mayor	年上	older
pequeño	小さい	small	menor	年下	younger

…の方が〜だ／動詞＋más＋形容詞／副詞＋que

基本パターンで言ってみよう！

Tokyo es más grande que Sevilla.
トウキョウ エス マス グランデ ケ セビージャ

東京はセビリアより大きいです。

Él es más joven que tú.
エル エス マス ホベン ケ トゥ

彼は君より若いよ。

> ワンポイント 『joven』若い

Él corre más rápido que ella.
エル コレ マス ラピド ケ エジャ

彼は彼女より走るのが速い。

Este año hace más frío que el año pasado.
エステ アーニョ アセ マス フリーオ ケ エルアーニョ パサード

今年は去年より寒い。

Ahora soy más feliz que antes.
アオラ ソイ マス フェリス ケ アンテス

今は前よりも（私は）幸せです。

Yo tengo menos dinero que ella.
ジョ テンゴ メノス ディネロ ケ エジャ

私は彼女より持っているお金が少ない（彼女ほどお金を持っていません）。

Él es mayor que ella.
エル エス マヨール ケ エジャ

彼は彼女より年上だ。

Este coche es más nuevo que los otros.
エステ コーチェ エス マス ヌエボ ケ ロス オトロス

この車は他（それら）の（車）よりも新しい。

72 …は最も〜だ

動詞＋定冠詞＋比較級

基本フレーズ♪

トウキョウ エス ラ シウダード マス グランデ デ ハポン
Tokyo es la ciudad más grande de Japón.
東京は日本で一番大きな都市です。

こんなときに使おう！
「日本の一番大きな都市はどこ？」と聞かれたときに…

『主語＋動詞＋定冠詞 (el / la)＋más grande』は、「主語は最も大きい」（＝the largest［英］）という最上級を表す表現です。
また、「AはBと同じくらい〜だ」を表す場合は、『tan＋形容詞／副詞＋como』『igual de＋形容詞／副詞＋que』を使います。

●基本パターン●

主語 ＋ 動詞 ＋ 定冠詞 ＋ 比較級（＋de / en / entre）．

名詞A ＋ 動詞 ＋ tan / igual de ＋ 形容詞／副詞 ＋ como / que ＋ 名詞B．

最上級の例：

el más caro（最も高い）

el menos barato（最も安くない）

…は最も～だ／動詞＋定冠詞＋比較級

la mejor del equipo（チームで最高の［女性］）
la peor del equipo（チームで最低の［女性］）

基本パターンで言ってみよう!

Ella es la más alta de la clase.
彼女はクラスで一番背が高い。

Ella es la que tiene más dinero de nosotros.
彼女は私たちの中で最もお金を持っています。

Esta comida es la peor del mundo.
この料理は世界最低だ。

Ellos son igual de altos que ella.
彼らは彼女と同じくらい背が高いよ。

Ellos son tan altos como ella.
彼らは彼女ほどの背丈がある。

Esta tienda no tiene tantos productos como aquella.
この店はあの店ほど商品が多くない。

■著者略歴
欧米・アジア語学センター

1994年設立。30ヶ国語(1200人)のネイティブ講師を擁し、語学教育を展開。スペイン本国はもちろん、中南米すべての国の講師を網羅し、ビジネスから趣味まで幅広い目的に対応したレッスンを提供している。その他に、企業向け外国語講師派遣、通訳派遣、翻訳、留学相談、通信教育なども行っている。http://www.fi.jpn.ac
著書:『CD BOOK はじめてのベトナム語』『CD BOOK はじめてのインドネシア語』『CD BOOK はじめてのフィリピン語』(以上、明日香出版社)、『中国語会話すぐに使える短いフレーズ』(高橋書店)など。

フリオ・ルイス・ルイス
(Julio Ruiz Ruiz)

スペイン セビリア生まれ。スペイン国立セビリア大学語学学校卒業。卒業後来日し、スペイン語・英語の教師、翻訳家、通訳家と多岐に渡り活躍中。
また、スペイン語の国際資格であるDELEの試験官の資格を持ち、担当している。
母国語であるスペイン語以外にも、語学に関する造詣が深く、日本語、中国語、特に漢字に関する知識も豊富。

校閲協力:窪田洋美

本書の内容に関するお問い合わせ
明日香出版社 編集部
☎(03)5395-7651

CD BOOK たったの72パターンでこんなに話せるスペイン語会話

| 2013年 | 2月 | 20日 | 初版発行 | 著　者 | 欧米・アジア語学センター |
| 2020年 | 3月 | 26日 | 第14刷発行 | | フリオ・ルイス・ルイス |

発行者　石野栄一

明日香出版社

〒112-0005 東京都文京区水道2-11-5
電話(03)5395-7650(代表)
(03)5395-7654(FAX)
郵便振替00150-6-183481
http://www.asuka-g.co.jp

■スタッフ■
編集　小林勝／久松圭祐／古川創一／藤田知子／田中裕也
営業　渡辺久夫／奥本達哉／横尾一樹／関山美保子／藤本さやか
財務　早川朋子

印刷　株式会社文昇研文社
製本　根本製本株式会社
ISBN 978-4-7569-1611-2 C2087

本書のコピー、スキャン、デジタル化等の無断複製は著作権法上で禁じられています。
乱丁本・落丁本はお取り替え致します。

©Oubei-Asia Gogaku Center, Julio Ruiz Ruiz 2013 Printed in Japan

フランス語会話フレーズブック

フランス好きの著者と、日本在住のフランス人がまとめた、本当に使えるフランス語会話フレーズ集！ 基本的な日常会話フレーズだけでなく、読んでいるだけでためになるフランス情報ガイド的な要素も盛り込みました。CD 3枚付き！（日本語→フランス語収録）

井上 大輔
エリック・フィオー
井上 眞理子
本体価格 2800円+税
B6 変型 <416>
978-4-7569-1153-7
08/01 発行

イタリア語会話フレーズブック

日常生活で役立つイタリア語の会話フレーズを2900収録。状況別・場面別に、よく使う会話表現を掲載。海外赴任・留学・旅行・出張で役立つ表現も掲載。あらゆるシーンに対応できる、会話表現集の決定版！

ビアンカ・ユキ
ジョルジョ・ゴリエリ
本体価格 2800円+税
B6 変型 <360>
978-4-7569-1050-9
07/03 発行

スペイン語会話フレーズブック

日常生活で役立つスペイン語の会話フレーズを2900収録。状況別に、よく使う会話表現を掲載。スペイン語は南米の国々でも使われています。海外赴任・留学・旅行・出張で役立つ表現も掲載。あらゆるシーンに対応できる会話表現集の決定版！

林 昌子
本体価格 2900円+税
B6 変型 <408>
4-7569-0980-9
06/05 発行

ドイツ語会話フレーズブック

日常生活で役立つドイツ語の会話フレーズを2900収録。状況別に、よく使う会話表現を掲載。海外赴任・留学・旅行・出張で役立つ表現も掲載。カードに添える言葉、若者言葉なども紹介しています。

岩井 千佳子
アンゲリカ・フォーゲル
本体価格 2900円+税
B6 変型 <400>
4-7569-0955-8
06/02 発行

ロシア語会話フレーズブック

日常生活で役立つロシア語の会話フレーズを2900収録。状況別・場面別に、よく使う会話表現を掲載。海外赴任・留学・旅行・出張で役立つ表現も掲載。手紙の書き方なども紹介しています。

岩切 良信
本体価格 3000円+税
B6 変型 <352>
4-7569-0905-1
05/08 発行

ポルトガル語会話フレーズブック

日常生活で役立つ会話フレーズを約2900収録。状況別に、よく使う会話表現を掲載。海外赴任・留学・旅行・出張で役立つ表現も掲載。本書では、ブラジルのポルトガル語とヨーロッパのポルトガル語の両方の表現を掲載しています。

カレイラ松崎順子
フレデリコ・カレイラ
本体価格 2900円+税
B6 変型 <336>
4-7569-1032-7
06/12 発行

韓国語会話フレーズブック

日常生活で役立つ韓国語の会話フレーズを2900収録。状況別・場面別に、よく使う会話表現を掲載。近年、韓国を訪れる日本人が増えています。海外赴任・留学・旅行・出張で役立つ表現も掲載。あらゆるシーンに対応できる、会話表現集の決定版！

李 明姫
本体価格 2800円+税
B6 変型 <464>
4-7569-0887-X
05/06 発行

はじめてのイタリア語

ABCの発音から初級者に必要な文法を丁寧に解説。CDにはほとんどのイタリア語と日本語両方が収録！ 確実に実力アップの1冊です。

高橋　美佐
本体価格 1700円+税
B6 変型 <216>
4-7569-0554-4
02/06 発行

はじめてのスペイン語

スペイン語は日本人にとっては発音しやすく、ローマ字をそのままカナ読みするだけでも結構通じます。ABCの発音からやさしい日常会話・旅行会話・基本単語まで、スペイン語の初歩の初歩が身につきます。

中野　久夫
本体価格 1600円+税
B6 変型 <192>
4-7569-0127-1
98/08 発行

はじめてのフランス語

英語とフランス語には、単語のスペルや文型など、似ているところもあります。私たちがこれまで学んだ英語の知識もいかしながらフランス語を学びましょう。

中野　久夫
本体価格 1500円+税
B6 変型 <200>
4-7569-0077-1
98/02 発行

はじめてのドイツ語

アルファベットの発音、基本的な文法、簡単な日常会話・旅行会話が学べるドイツ語の入門書です。巻末には日本語から引ける基本単語（約1000語）のリストを掲載しています。CD付きで2色刷。

中野　久夫
本体価格 1600円+税
B6 変型 <184>
4-7569-0241-3
99/10 発行

はじめてのロシア語

とにかくロシア語を話すことを目的にしました。めんどうな文法よりもロシア語の発音、挨拶、お礼などよく使う表現をCDを聞いて反復練習します。

岩切　良信
本体価格 1800円+税
B6 変型 <200>
4-7569-0248-0
99/10 発行

はじめてのポルトガル語

発音・文法の基本や、やさしい会話フレーズも身につけることができます。ブラジルポルトガル語とヨーロッパポルトガル語の違いについても解説されています。CD付きで2色刷。

中野　久夫
本体価格 1800円+税
B6 変型 <176>
4-7569-0324-X
00/07 発行

はじめてのトルコ語

トルコ語は語順が日本語と同じなので初めての人も学びやすい言葉です。"シルクロードの共通語"とも言われるトルコ語の基本会話、文法、生活単語が学べる入門書です。

小澤　美智子
本体価格 1900円+税
B6 変型 <208>
4-7569-0946-9
06/01 発行

CD BOOK たったの72パターンで こんなに話せる英会話

味園　真紀：著

本体価格1400円+税
B6変型　216ページ
ISBN4-7569-0832-2
2005/01発行

全国で大好評発売中！
英語ぎらいな人も、
英語が好きな人も、
必ず英語が話せるようになる！

CD BOOK 72パターンに＋α（プラスアルファ）で 何でも話せる英会話

味園　真紀：著

本体価格1400円+税
B6変型　216ページ
ISBN4-7569-0931-0
2005/11発行

『たったの72パターンで
こんなに話せる英会話』
の次は、この本にチャレンジ！
英語ぎらいなあなたでも
だいじょうぶ。

CD BOOK たったの72パターンで こんなに話せるイタリア語会話

ビアンカ・ユキ/ジョルジョ・ゴリエリ：著

本体価格1800円+税
B6変型　224ページ
ISBN4-7569-1397-5
2010/07発行

『72パターン』を使い回せば、
誰でも必ず話せる！
これでもう
フレーズ丸暗記の必要ナシ！

CD BOOK たったの72パターンで こんなに話せるフランス語会話

小林　知子 / エリック・フィオー：著

本体価格1800円+税
B6変型　224ページ
ISBN978-4-7569-1403-3
2010/08発行

『72パターン』を使い回せば、
誰でも必ず話せる！
これでもう
フレーズ丸暗記の必要ナシ！

CD BOOK たったの72パターンで こんなに話せる 中国語会話

趙怡華：著

本体価格1800円＋税
B6変型　216ページ
ISBN978-4-7569-1448-4
2011/03発行

『72パターン』を使い回せば、
誰でも必ず話せる！
これでもう
フレーズ丸暗記の必要ナシ！

CD BOOK たったの72パターンで こんなに話せる 韓国語会話

李　明姫：著

本体価格1800円＋税
B6変型　216ページ
ISBN978-4-7569-1461-3
2011/05発行

『72パターン』を使い回せば、
誰でも必ず話せる！
これでもう
フレーズ丸暗記の必要ナシ！